Texte
Alexandra Garibal

Dessin et couleur
Audrey Lainé

Petites leçons de Permaculture

Mâtin !
Une tartine, un café, un strip.

C'est avec beaucoup d'émotion que j'ai découvert les aventures de Philibert et Julie et l'achèvement de ce livre.

Depuis le début de mon parcours permacole, j'ai toujours eu le profond désir de transmettre, faire des visites de mon potager, animer des formations et surtout partager les connaissances incroyables de la nature que j'ai acquises à force d'observations.

Un jour, j'ai vu débarquer une Parisienne avec des bottes un peu trop neuves : elle n'avait pas l'air d'y connaître grand-chose au jardin mais avait de belles intentions et beaucoup d'énergie. Grande adepte du zéro déchet, Alex avait d'excellentes habitudes de sobriété et embrassait déjà au quotidien de nombreux principes permacoles. Au jardin, elle découvrait avec émerveillement chaque jour de nouvelles choses. Ses questions et sa curiosité rythmaient les journées, pendant nos longues séances de désherbage.

Croyez-moi, on partait de loin. Et pourtant, en quelques mois, elle déménageait d'un appartement à une maison avec un bout de jardin pour mettre en application ce qu'elle avait consciencieusement appris, les mains dans la terre.

Ce livre raconte l'histoire de Philibert et Julie, mais il raconte surtout entre les lignes l'histoire d'une novice qui, à force de volonté, a su acquérir des connaissances pour gérer un jardin en permaculture. Et cette histoire-là, on la souhaite à tous !

J'espère de tout cœur que ce témoignage piquera suffisamment votre curiosité pour avoir envie, vous aussi, d'agir à votre échelle. Découvrir la permaculture est un parcours initiatique, un chemin, un voyage. Alors, chaussez vos plus belles bottes, installez-vous confortablement... et bonne lecture !

Maxence Meheust, permaculteur

SOMMAIRE

C'est quoi, la permaculture ?

État des lieux sur l'agriculture traditionnelle

Moi, j'l'ai trouvée marrante, la Julie.

*Adventice = plante qui pousse à un endroit où elle n'a pas été intentionnellement semée ou plantée par le jardinier.

Marrante, et un peu timbrée peut-être.
Elle parlait quand même aux vers de terre.

*Rapport 2015 de l'Organisation des Nations unies pour l'alimentation et l'agriculture (FAO).

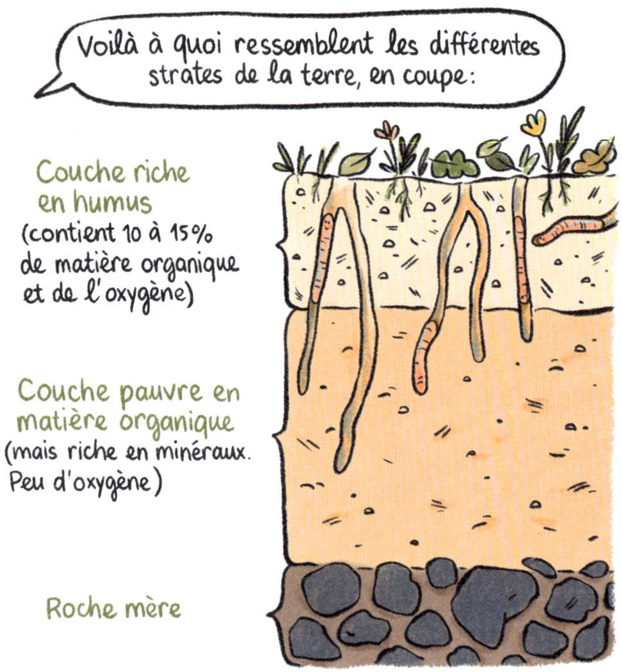

*Les microbes aérobies représentent la majorité de la biodiversité des sols.

Quand tu laboures, la couche d'en haut passe en bas.
Jipé et Mimi sont sens dessus dessous.
Couic !
EROSION
La terre n'est plus aérée par les passages de Jipé et n'absorbe plus les pluies.
Clams !
La matière organique se retrouve en profondeur, sans oxygène et sans agents pour la décomposer.
Jipé, Mimi et la terre se meurent. RIP.
Et je ne parle pas des champs de monoculture à perte de vue qui détruisent les habitats de la faune, notamment des oiseaux.
Ni du pétrole, sans lequel ton engin de torture ne marcherait pas...
Quant aux pesticides, pfiou, no comment !
Pat' a bien essayé de protester, et moi... je n'en perdais pas une miette.
Je fais du bio !
Oui. En bio c'est vrai que vous utilisez moins d'insecticides et d'herbicides, et plutôt des fongicides*.
Néanmoins, les méthodes de labour sont les mêmes, mmh ?
*contre les champis, bouillie bordelaise en tête.
Et subitement, j'en ai eu marre de causer labour.
Euh, enchanté, moi c'est Philibert. Je suis permaculteur.
Je suis Julie !
C'est quoi, « permaculteur » ?
Là, mon coeur s'est mis à battre à 100 à l'heure.

L'origine de la rencontre de Phiphi et Juju, c'est un constat effarant : les terres fertiles de notre planète sont en voie de disparition. En un siècle à peine, plus 75 % des terres émergées du globe sont fortement dégradées* et 1 milliard d'hectares se sont carrément envolés.

Quand on parle de terre fertile, on évoque en réalité les 20 à 30 premiers centimètres de sa surface. Ils sont constitués, entre autres, d'argiles et d'humus, cette matière noire que l'on retrouve en forêt : reconnaissable à sa bonne odeur de sous-bois, elle provient de la décomposition de matière organique. Cette couche d'une trentaine de centimètres :

- stocke puis fournit aux plantes les éléments nutritifs (azote, phosphore, potasse…) nécessaires à leur croissance;
- agit comme éponge : elle filtre l'eau, s'en imbibe et la libère en cas de sécheresse;
- constitue le lieu de vie de 80 % de la biomasse terrestre;
- est le lieu de régulation du carbone et de l'azote, indicateurs clés de l'activité biologique de la terre.

D'après les plus grands spécialistes du sol, cette couche est sans nul doute la plus riche de notre environnement.

Outre la pression climatique et l'urbanisation, les pratiques agricoles sont malheureusement grandement responsables de cette terrible érosion. À ce sujet, c'est en frémissant qu'on écoute Claude Bourguignon, ancien chercheur à l'INRA et fondateur du Laboratoire d'analyse microbiologique des sols, qui explique cela très clairement : « En retournant profondément les sols, les labours perturbent la vie souterraine et les échanges biochimiques. Les gaz carboniques s'échappent, la matière organique qui s'en nourrit se réduit, la faune disparaît et, avec elle, le mécanisme d'ascenseur qui brasse nutriments et minéraux. Résultat : l'humus est balayé par les eaux, tandis que l'argile, où se concentre le garde-manger des plantes, laisse place à une simple boue gluante. »

En janvier 2016, dans un article des *Échos*, Paul Molga précisait : « Le processus peut être extrêmement rapide. […] Les engrais n'y changent rien : épuisées, les terres perdent leur productivité. »

Bon, alors pourquoi laboure-t-on, finalement?

Les raisons sont nombreuses et justifiées :

- le labour aère le sol à court terme et lui confère ainsi une bonne structure;
- il améliore la porosité de la terre, ce qui permet à l'air et à l'eau de bien pénétrer dans les premiers centimètres du sol;
- il permet d'accélérer la minéralisation

LE SAVIEZ-VOUS?

Le mécanisme de reproduction végétale par la graine est plutôt anecdotique à l'état naturel.

En effet, les végétaux sont vivaces dans leur milieu d'origine (une plante vivace dans son milieu repousse chaque année de sa base, sans passer systématiquement par la graine). Pour la faire courte, on se focalise donc depuis 12000 ans sur la graine… Pourtant, l'approfondissement des différents mécanismes de reproduction végétale permettrait de réviser nos méthodes d'agriculture traditionnelles. Voici les autres modes de reproduction existants.

La reproduction par tige rampante (fraisiers par exemple) :

La plante développe des stolons qui vont faire des racines à proximité de la plante d'origine.

La reproduction par rhizome (muguet par exemple) :

La plante produit des tiges souterraines qui vont donner de nouvelles racines.

de la matière organique, car toutes les réactions du sol s'effectuent en milieu aérobie (= oxygéné);
• il évite la déperdition d'azote par volatilisation;
• il évince la concurrence et favorise la graine semée, car où un vide existe, la graine pousse, mais si vide il n'y a pas, elle ne pousse pas… CQFD.
La bonne nouvelle, c'est qu'aujourd'hui, la prise de conscience s'accélère, certaines méthodes d'agriculture se développent pour réduire les activités de labour. C'est le cas du semis sous couvert végétal, par exemple *(voir ci-contre)*.

Néanmoins, les changements ne sont pas assez rapides : chaque année 90000 hectares de terres arables mondiales partent en fumée. Pfffff.

* Article de Stephen Leahy, « Plus de 75 % des terres de la planète sont dégradées », *National Geographic*.

LE SEMIS SOUS COUVERT VÉGÉTAL

Pour éviter le labour, on peut utiliser la technique du semis sous couvert végétal. Grâce à un semoir spécifique, on vient planter la graine sous une première couche de végétaux.
Cette méthode permet de limiter le travail du sol, de favoriser l'activité biologique naturelle et donc de réduire l'érosion. Par ailleurs, elle contribue à diminuer la nécessité de traitements phytosanitaires par rapport au labour traditionnel.
Une fois la graine plantée, on distingue deux manières de procéder :
• couper et laisser sur place la première couche de végétaux, qui protège et amende le sol;
• ou bien laisser le couvert végétal. Il faut alors savoir le maîtriser afin qu'il n'entre pas en concurrence avec les graines semées, pour l'eau et les nutriments notamment.

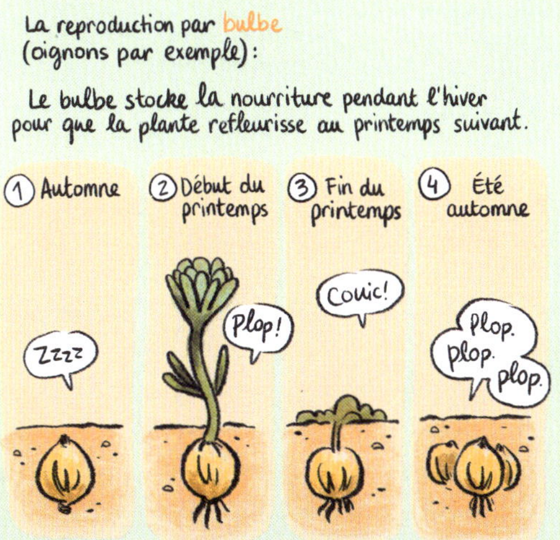

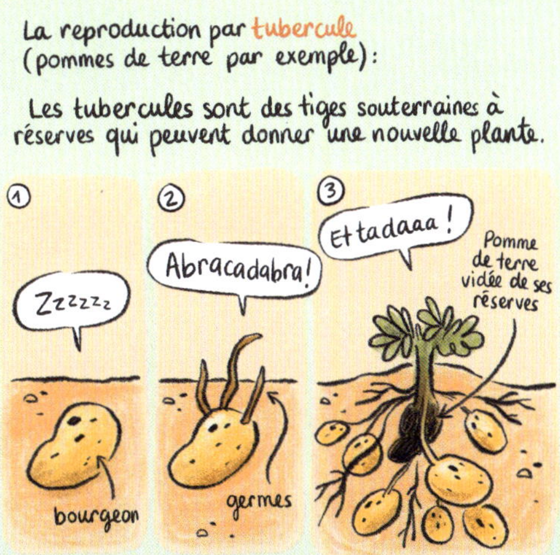

Définition de la permaculture

OMG. Quand elle me parle, j'me liquéfie. Vide intersidéral.
Bah euh, c'est faire de la permaculture.
Ah tiens ?!
C'est un peu comme cette grande découverte qu'on impute à Christophe Colomb.
Avant, la Terre était plate. Après, elle est devenue ronde.*
*Alors que ce n'est pas de Christophe : Pythagore puis Platon l'avaient déjà évoqué, et Ératosthène calcule finalement la circonférence de la Terre à moins de 1000 km près au IIIe siècle avant J.-C. !
Avant la permaculture, on pensait que la croissance était linéaire et la Terre un milieu fini avec un stock de ressources donné.
À force de prélever ces dernières, on les épuiserait sans pouvoir les renouveler.
Ressources terrestres
GAME OVER
0
2050
années
Depuis la permaculture, on réalise que la croissance circulaire, c'est possible.
On s'inspire de la nature, des connaissances ancestrales et des outils scientifiques pour que demain, les humains puissent se loger, se nourrir, se chauffer... et vivre sans abîmer leur environnement et même en l'implémentant.
Ressources terrestres
PERMA POWER !
0
2050
années

On peut cultiver avec des méthodes durables et résilientes en créant des écosystèmes qui perdurent indéfiniment.
Quand on découvre la permaculture, on n'a qu'une envie : la partager. C'est un truc de fou, une vraie solution à tout notre merdier, en fait !
Moi, par exemple, j'ai basculé le jour où un gars m'a dit que la permaculture était, entre autres, l'art de créer des paysages comestibles.
Le déclic se fait quand on comprend que dans un écosystème, chacun a sa place et est nécessaire : insecte, limace, taupe...
Il en va de même pour les végétaux : les mauvaises herbes n'existent pas.
OK Philibert ! T'es dispo quand pour un date ?

Le terme « permaculture » naît dans les années 1970 en Australie, où le manque d'eau et les grosses chaleurs agitent déjà largement les méninges des agriculteurs et des chercheurs de l'époque.

Ce sont notamment deux cerveaux, Bill Mollison (scientifique) et David Holmgren (concepteur écologiste), qui sont les premiers à conceptualiser la *permanent agriculture.* Ils se fondent sur les bases d'une méthode agricole créée quelques années plus tôt par un Japonais fascinant, Masanobu Fukuoka. En traduction littérale, « permaculture » est synonyme de « culture de la permanence » ou encore « de la durabilité ».

La permaculture bouleverse d'évidence dans son principe : elle s'inspire de la nature pour développer des écosystèmes résilients, stables et durables. En résumé, la nature étant sacrément bien faite, autant la copier. L'idée est de créer une agriculture pérenne, qui n'épuise pas les sols et n'est pas polluante, tout en limitant la production de déchets, ce que fait Dame Nature depuis le jardin d'Éden.
Pour arriver à ces objectifs, on diversifie les cultures tout en s'adaptant aux conditions locales (température, type de sol, hygrométrie...) et on valorise fortement la biodiversité en place.
En effet, pourquoi s'obstiner à tuer ce qui veut vivre et faire pousser ce qui ne s'implante pas?
En définitive, la permaculture vise à développer des écosystèmes permettant l'autonomie et l'autosuffisance : l'efficacité énergétique est au cœur de son projet.

L'éthique de la permaculture repose sur trois points :
• prendre soin de la terre... et de la Terre tant qu'à faire, biodiversité en tête;
• prendre soin de l'humain, aussi bien proche que plus lointain;
• produire et partager équitablement, tant notre production que les ressources, et au bénéfice des hommes comme de l'environnement, généreusement.

« Alors que les problèmes du monde deviennent de plus en plus complexes, les solutions demeurent honteusement simples. »
Bill Mollison

Comment produire plus sans impacter négativement notre écosystème? À cette question aujourd'hui au cœur des préoccupations mondiales, la permaculture apporte un nombre encourageant (et même, disons-le, carrément exaltant) de réponses.

Très vite – et sans nul doute parce que ses bases sont excellentes –, dès les années 1980, le terme « permaculture » s'étend à une approche systémique bien plus large que celui du domaine agricole. Tous les aspects de notre société se retrouvent concernés, de la construction à l'éducation, en passant par l'économie ou la santé... Quel que soit le domaine, la permaculture désigne une éthique et une méthode holistique globale visant à créer des écosystèmes interconnectés, résilients et efficaces. Un prodigieux programme!

AGRICULTURE BIOLOGIQUE, AGROÉCOLOGIE ET PERMACULTURE : QU'EST-CE QUI LES DIFFÉRENCIE?

L'agriculture biologique n'utilise pas de produits phytosanitaires de synthèse (ni engrais ni pesticides), et refuse les OGM (organismes génétiquement modifiés). La plupart des cultures bio sont pratiquées en plein champ, ce qui nécessite une mécanisation accrue, et sur une terre labourée, qui laisse peu de place à la biodiversité.

L'agroécologie est une technique qui s'appuie sur les fonctionnalités offertes naturellement par les écosystèmes. Elle favorise la fertilité naturelle des sols, la synergie entre les espèces, optimise l'utilisation de l'eau et œuvre à la restauration de la diversité des paysages, notamment en contribuant au reboisement. Toutefois, l'agroécologie se borne au domaine agricole.

La permaculture va plus loin que l'agroécologie, en intégrant l'homme à son écosystème dans une vision holistique. Elle met en valeur l'interdépendance entre tous les éléments de la nature, en cherchant pour chacun – végétal, animal, humain – une plus grande résilience et une meilleure santé. Elle a une dimension sociale et philosophique.

Quelques exemples :

- **Dans l'habitat,** on cherche à utiliser des matériaux locaux et biodégradables comme la terre, la paille, et le bois. Les bâtiments construits ainsi nécessitent peu d'énergie, à la construction comme à l'usage.
- **En économie,** des structures innovantes s'organisent pour inventer un modèle nouveau, favorisant les circuits courts, les liens sociaux, la solidarité et le bien-être de chacun : les monnaies locales, les SCOP (sociétés coopératives), les SCIC (sociétés coopératives d'intérêt collectif)... sont autant d'illustrations de la philosophie permacole.

L'ensemble de ces initiatives vise à créer une société libérée des systèmes industriels, plus efficace d'un point de vue énergétique, écologique et social.

Un petit coin de chaos sauvage en pleine ville... Ces 200 m² qui font battre le cœur sont l'illustration que la nature peut définitivement être sacrément prolifique.

Les trois piliers de la permaculture

* animaux, plantes, micro-organismes, écosystèmes...

* Recherche et Développement.

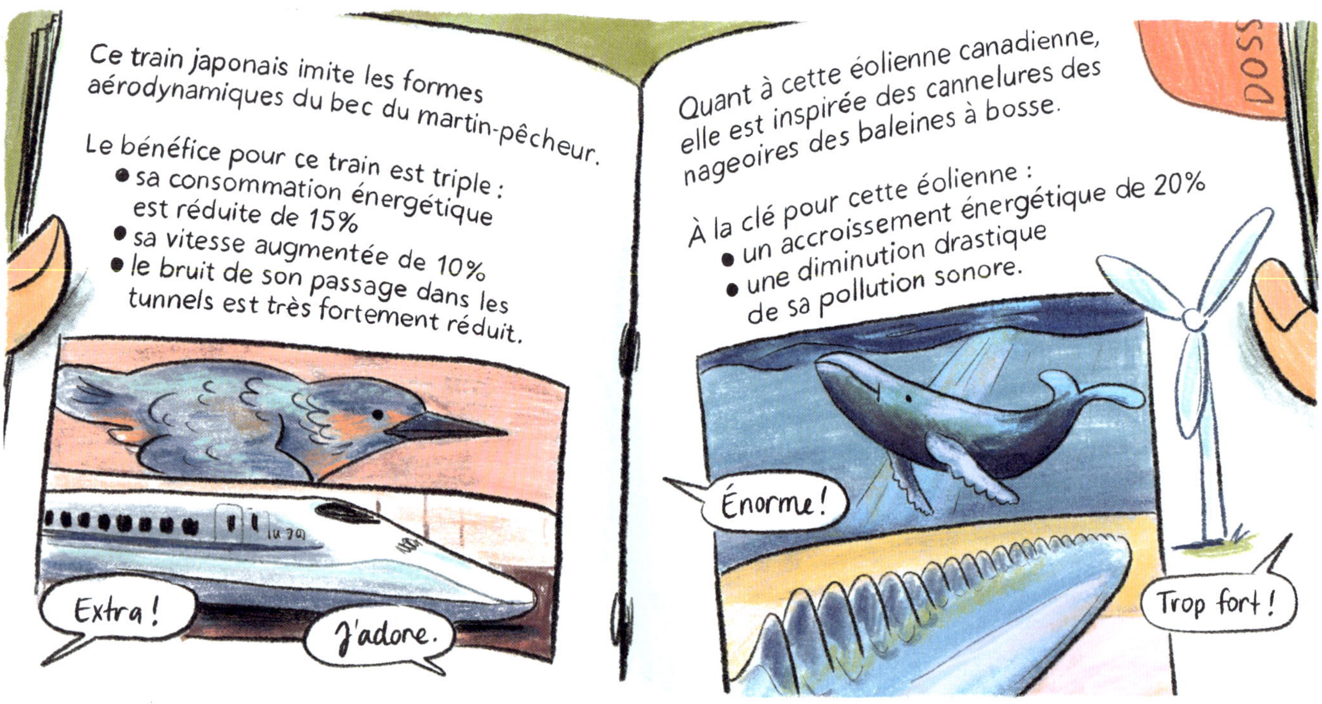

Tiens, Julie, je te raconte mon exemple préféré de biomimétisme :
Dans les années 50, un chercheur suisse note, lors de balades en forêt, que son chien revient tout le temps les poils chargés de boules de bardane.
Waf

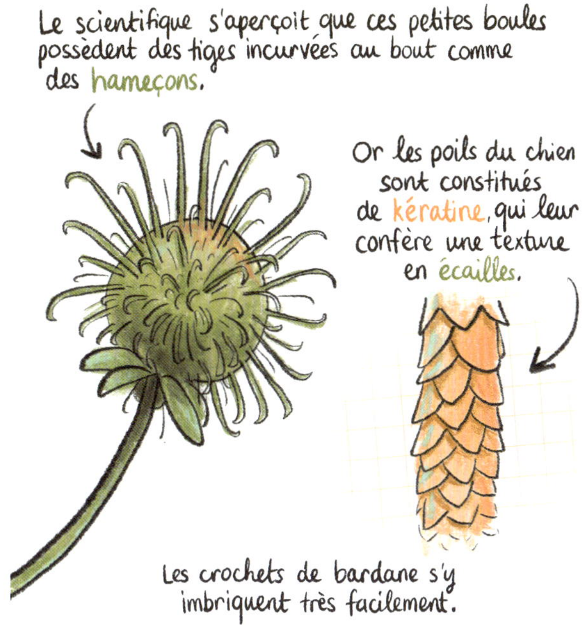
Le scientifique s'aperçoit que ces petites boules possèdent des tiges incurvées au bout comme des hameçons.
Or les poils du chien sont constitués de kératine, qui leur confère une texture en écailles.
Les crochets de bardane s'y imbriquent très facilement.

Cela donne une idée au scientifique. Après plusieurs mois de recherches, il lance son inno' en 1951 : le VELours CROchet !
VELCRO
Il rencontre tout de suite un immense succès.
Bon chien !
Warf !

Eh bah Philibert, c'est la première fois qu'on me parle de kératine autre part que dans une pub de shampoing !
Ouais, j'avoue, parler poils, c'est moyen ouf pour une première approche.

Dans la foulée, on a pris le métro. Et sans transition, j'ai embrayé sur le deuxième pilier de la permaculture : les connaissances ancestrales.

Pour produire toute l'année, Jean-Mi' et Mauricette font avec les moyens du bord. Or en 1850, à Paris, on est envahi par le crottin.
Fumier = excellent fertilisant pour la terre.
Ressource gratuite et illimitée.
Générateur de chaleur (système de couches chaudes).

Outre sa qualité fertilisante indéniable, le crottin génère de la chaleur.
Grâce aux châssis, les légumes poussent au cœur de l'hiver.
fumier
fumier
terre + terreau
20 cm
fumier
40 cm
On bosse entre 14 et 16 heures par jour et on se lève la nuit pour protéger les cultures du gel et ajouter régulièrement des couches chaudes autour des châssis.

Pour optimiser l'espace dans le jardin et gagner en productivité, on n'hésite pas à associer les cultures.
On appelle cela la contre-plantation (planter la culture suivante avant que la précédente n'ait été récoltée en totalité).
ARTICHAUTS
POMMES DE TERRE
LAITUES

On doit beaucoup à ces maraîchers parisiens du XIXe.
Ils étaient de vrais précurseurs de la permaculture avec leurs fumiers fertilisants et chauffants, leurs associations végétales...
Ils produisaient tellement qu'ils exportaient même leurs excédents à Londres, t'imagines ? C'était stylé...

Après la nature et les connaissances ancestrales, il restait les apports de la science pour finir ma définition. Alors je n'ai pas résisté à l'envie de raconter à Julie l'exemple de la *terra preta*.

*Restes de récolte, arêtes de poisson, déjections animales.

* Anthropologue de l'Université Tulane, à La Nouvelle-Orléans.

On s'est retrouvés dans le bois de Vincennes, et ne restait qu'à citer la science pour compléter ma définition. Et c'est une histoire de lierre qui m'a permis d'en parler.
Bon, pour résumer alors, qu'est-ce que tu aimes dans ton métier de permaculteur ?
Han ! Bourreau des arbres !
Aide-moi à l'arracher pour sauver cet arbre !
Quoi, le lierre ? Non, non, n'arrachons rien ! C'est un si bel accord écosystémique !
Le lierre, on en veut bien au sol qu'il couvre et protège.
Mais sur les troncs, il augmente le poids et la prise au vent, et donc le risque de chute d'arbres lors de tempêtes !
Aaah...
GNNN !
Regarde, le lierre existe sous trois formes :
3
2
1
La première est rampante et aime l'ombre,
la deuxième, grimpante, apprécie la mi-ombre,
la dernière est ramifiante et veut du soleil.
Je n'aime que la première qui loge et nourrit champis, insectes et animaux.

Le lierre fait pareil pour le sol et le tronc !
Plus l'arbre est gros et a une écorce rugueuse, moins celle-ci le protège. Le lierre le colonise alors pour l'accompagner jusqu'à sa mort en l'aidant à résister plus longtemps.
En échange, l'arbre donne un support au lierre qui atteint ainsi la lumière et produit son fruit et sa graine.
Ah ouaiiiis... Le lierre est comme le lit du mourant, en fait !
Heu... ?
Dire que le lierre tue le chêne, c'est comme dire que le lit tue le mourant. Les arbres meurent dans le lierre, mais le lierre ne les tue pas. Mieux, il les supporte !
Oui ! C'est ça ! Et la science a découvert plein d'autres accords écosystémiques.
Par exemple, les baies du lierre fructifient en hiver et seuls les passereaux peuvent en manger. Quant à la graine, elle profite de leurs ailes pour coloniser plus vite les forêts !
Ce que j'aime dans le métier de permaculteur, c'est comprendre et essayer de reproduire ces mécanismes !
Eheh, hum...
Et toi Julie, tu fais quoi dans la vie ?
Moi ? Je suis biologiste.
Tu crois qu'on va se trouver un accord écosystémique ?

Outre les piliers éthiques présentés dans le chapitre précédent (prendre soin de la Terre, de l'humain, produire et partager équitablement), la permaculture est solidement ancrée sur un trépied qui constitue son ADN et contribue à étendre sa dimension holistique : la nature, les connaissances ancestrales et les sciences modernes :

La nature comme muse

Dans le dossier de biomimétisme lu par Julie et Philibert, les exemples énoncés sont impressionnants : on aurait pu ajouter l'imitation des pattes du gecko pour créer le ruban adhésif ou encore celle de la peau du requin pour inventer les revêtements anti-frottements des avions pour achever la démonstration. Néanmoins, soyons honnêtes, une fois ces exemples cités, on aurait quasiment fait le tour de l'existant : les pures illustrations de biomimétisme nature/innovation sont encore assez peu nombreux. Notons ainsi que l'idée fondatrice du biomimétisme est bien de s'inspirer de la nature ou de la prendre comme point de départ plutôt que de reproduire d'exacts copiés-collés de modèles issus du monde vivant.

Parlons alors d'un exemple moins classique de biomimétisme avec un récent projet au Zimbabwe, l'Eastgate Center. L'architecte de ce bâtiment s'est inspiré d'une termitière pour sa conception. Dans un article paru sur le site ladn.eu le 13 juillet 2018, Alice Huot écrit : « Dans les termitières, qui peuvent atteindre jusqu'à 9 mètres de haut, la température se maintient à 30 °C même lorsqu'il fait 40 °C dehors. [...] Pour y parvenir, les termites construisent leur habitat en laissant une multitude de petits trous qui permettent à l'air de circuler. L'air frais est alors stocké à l'intérieur et la chaleur est évacuée à l'extérieur. » Ainsi, dans l'Eastgate Center, même si on enregistre des températures caniculaires au-dehors, la température n'excède jamais 27 °C (et cela sans clim', ça va sans dire). On ne regardera plus les termites comme avant, assurément.

Nos si précieuses connaissances ancestrales

Le deuxième socle de la permaculture est évidemment l'expérience humaine :

- elle s'appuie sur les héritages de civilisations anciennes ou plus récentes.
- elle est issue d'observations et de bonnes pratiques en provenance des quatre coins du globe;
- elle est le fruit d'intuitions géniales ou d'enseignements précieux transmis de génération en génération.

Philibert évoque plus haut la précieuse *terra preta* ou encore les fantastiques maraîchers du XIXe siècle.

Parmi tant d'exemples à citer, évoquons celui cité par Perrine et Charles Hervé-Gruyer dans *Permaculture, guérir la Terre, nourrir les hommes* : le « juste assez », un enseignement issu du Japon. Au XVIe siècle, le Japon traverse une profonde crise écologique. Forte croissance démographique, déforestation, épuisement des sols

et appauvrissement des eaux côtières, conflits grandissants entre cités et campagnes… la situation est franchement critique. Néanmoins, outre une bonne gouvernance et des progrès techniques notoires (en matière d'hydrologie et d'agriculture, notamment), c'est la réaction collective absolument extraordinaire de tous les acteurs de la société qui va sortir le Japon de cette situation. Ayant compris les limites de leur environnement, tous se sont en effet mobilisés pour « [encourager] l'humilité, [considérer] le gaspillage comme sacrilège, [suggérer] des solutions coopératives et [trouver] du sens et de la satisfaction dans une belle forme de vie, dans laquelle chaque individu puisait dans le monde environnant juste ce qu'il lui fallait pour vivre, et rien de plus ».
Alors qu'au début de cette période (1608), toutes les terres japonaises étaient cultivées et nourrissaient à peine 12 millions de personnes, 200 ans plus tard, ces mêmes terres nourrissent près de 30 millions de personnes…
La philosophie sobre du « juste assez » a finalement permis à des millions de personnes de surmonter une profonde crise qui aurait pu signer la fin de la civilisation japonaise.
Une sacrée source de réflexion et d'inspiration pour nous, alors que la situation japonaise du XVIe siècle n'est pas sans rappeler, à bien des égards, la période que nous vivons actuellement…

ET SI ON S'INSPIRAIT DES ARBRES?

De récentes études bouleversent nos connaissances sur les arbres. On découvre que ces individus feuillus vivent en parfaite harmonie avec leurs écosystèmes. Reliés par les réseaux souterrains des champignons mycorhiziens, ils s'alertent et se soutiennent en cas de coup dur ou d'agression. Ils créent d'incroyables ententes avec des chenilles ou des coléoptères pour résister ensemble contre des parasites. Le tout à leur rythme, pépères, sans accès au haut débit et sans excès d'informations… Quant à leur consommation, elle est exemplaire : à la moindre sécheresse, ils savent réduire leurs besoins en eau et adapter leur mode de vie. On a de quoi vouloir les copier sur bien des aspects…

La science comme alliée

Notre agriculture actuelle est évidemment issue d'un passé, puisque l'agriculture est née il y a 12000 ans et qu'il est fort probable que l'homme laboure depuis le premier jour (la houe existe tout de même depuis le néolithique, 8500 avant J.-C., c'est dire!).
Il est, c'est vrai, facile aujourd'hui de critiquer ses méthodes et d'épingler encore et toujours le labour, pour ne citer que lui. D'autant plus quand on cultive un petit potager en permaculture alors qu'un agriculteur s'attelle à plusieurs centaines d'hectares!
C'est oublier surtout qu'en quelques années à peine, au sortir de la guerre, cette agriculture moderne a permis de nourrir la France et de la rebâtir, dans un contexte où tout était à réinventer.
Aujourd'hui, grâce aux progrès de la science et aux outils techniques dont nous sommes équipés, nous sommes en mesure d'analyser et de comprendre les faiblesses de notre agriculture traditionnelle (agression des sols, de la biodiversité, de la faune, de la flore) mais aussi de découvrir d'incroyables fonctionnements de la nature (les accords écosystémiques en sont un fabuleux exemple).
Sans renier le passé de notre agriculture, nous pouvons commencer à la remettre sérieusement en cause pour la faire évoluer. La conservation des sols devient un enjeu majeur, prioritaire pour les générations futures. Il y a de quoi être optimiste (et on se doit de l'être)… on ne peut que progresser.

Hommages et inspirations

Qui?
Le Japonais Masanobu Fukuoka (1913-2008) est l'inventeur de l'agriculture naturelle*.
Formé en microbiologie, il développe sa méthode sur les terres de son père.
*ou agriculture sauvage.

La méthode de Masanobu tient en quelques phrases :
1. L'homme manque d'humilité.
Il ne pense qu'à dompter la Nature alors qu'il devrait se placer comme un de ses éléments.
Travaille, c'est moi l'patron!

2. Quand un problème se présente, l'homme cherche des solutions complexes et innovantes plutôt que des résolutions simples jugées rétrogrades.
Voilà LA solution pour ne plus avoir à éplucher les légumes!
OK

3. Les lobbies* sont puissants et les industriels refusent de remettre en cause l'agriculture intensive.
Tttttt.
En fait Masanobu est juste le précurseur des complotistes et des décroissants.
CQFD.
*Bon, OK, Masanobu n'utilise pas le mot « lobby », mais dans l'idée, on vous assure que c'est ça qu'il dit.

Alors, quelle est la solution de Masa' ?
1. Pas de travail du sol.
Le paillage garde la terre meuble et fertile.
2. Pas de fertilisants.
Ni compost, ni apports divers. Juste des semis d'engrais verts.
L'AGRICULTURE DU non-agir
3. Pas de désherbage.
4. Pas de produits synthétiques.*
*Masa' a écrit son livre en 1975.
À l'époque son propos est complètement à contretemps des pratiques d'agriculture intensive en plein essor.
Pour Masanobu Fukuoka :
Un arbre n'a pas besoin de taille. Il se développe seul de façon optimale.
Si depuis la germination de la graine, aucune intervention humaine ne perturbe l'arbre, ses récoltes sont abondantes.
Les légumes se ressèment spontanément chaque année.
Masanobu Fukuoka a travaillé des années sans relâche pour comprendre puis mettre en place un système agricole productif, durable et autonome.
Ensuite seulement, il a moins travaillé.
Le non-agir est un objectif à long terme, mais il y a une mise de départ importante pour installer un écosystème prolifique.
Voilà, Masanobu Fukuoka est très inspirant pour nous tous, permaculteurs.
Mmmmh. D'accord.
Et concrètement, combien de temps ?
Chacun y met le temps qu'il peut, le temps qu'il veut.
Moi, eh bah...
C'est pas du temps que j'y mets, c'est ma vie !

Ce qui est fort dans la permaculture, c'est qu'il n'y a aucune recette toute faite. Ce qui est vrai dans notre jardin ne s'appliquera pas nécessairement au jardin du voisin, et encore moins à celui d'un jardinier qui habite à l'autre bout de la France ou de l'autre côté du monde.

Tout est histoire de vécu, d'expérience, de pratique, d'investissement. Il faut y mettre les mains, s'y lancer à corps perdu, tester, semer, planter, se planter, recommencer, comprendre son terrain à soi, l'implémenter et même l'aggrader*, et surtout l'aimer.

Le principe de la permaculture, c'est de rétablir l'homme à sa bonne place : comme le membre participatif et respectueux de son écosystème, sans rapport de domination sur ce dernier.

De nombreuses personnes inspirantes ont contribué à une meilleure connaissance de la permaculture en partageant leur vécu. Outre les fondateurs, Masanobu Fukuoka, Bill Mollison et David Holmgren, nous aimerions citer ici quelques hommes et femmes – sans exhaustivité – dont les expériences permacoles nous ont donné l'élan de nous y mettre à notre tour.

Eliot Coleman, l'héritier des maraîchers parisiens du XIXe

Cet Américain né en 1938 est le pionnier de l'agriculture bio aux États-Unis. Influencé à ses débuts par Louis Savier, dernier héritier des jardins maraîchers parisiens du XIXe siècle, il est installé à la Four Season Farm, sur la côte nord-est des États-Unis, où le climat est rude et où la neige tombe à gros flocons l'hiver.
À l'instar des maraîchers parisiens, ce talentueux jardinier :
- crée au fil des ans un excellent sol sur son terrain pourtant situé au cœur d'une forêt de conifères (autrement dit, un sol impropre à la culture maraîchère). Pour cela, il nourrit la terre de compost et plante régulièrement des engrais verts;
- associe les végétaux sur de petites surfaces pour un maximum de rentabilité;
- développe des techniques de doubles couvertures de cultures et de serres amovibles pour pouvoir produire des légumes même au cœur de l'hiver;
- dessine son potager à partir de buttes permanentes;
- invente des outils révolutionnaires pour semer, aérer et travailler la terre… tout en respectant la vie du sol.

Ses livres, et notamment *Des légumes en hiver : produire en abondance même sous la neige,* sont de pures merveilles de pédagogie et d'intelligence!

Le même petit lopin de terre que page 19… à ses débuts. En nous inspirant des potagers du Bec-Hellouin, nous avons dessiné un mandala pour le nôtre (enfin, un demi-mandala, faute de place…).

Charles et Perrine Hervé-Gruyer, les pionniers de la permaculture en France

Fondateurs de la magnifique ferme du Bec-Hellouin, située en Normandie, Charles et Perrine Hervé-Gruyer ont découvert la permaculture en 2008 après quatre années difficiles à tenter de développer une ferme biologique. Le couple ne se contente pas d'appliquer

des recettes toutes faites : il développe sa propre méthode permaculturelle, comme une synthèse de pratiques issues des quatre coins du monde. Passionnée par l'Asie, où elle a vécu, Perrine fait énormément de recherches sur les micro-organismes, les *bokashi* *(voir page 125)*, les efficients micro-organismes et la vie du sol.
Quant à Charles, ses rencontres avec des tribus ancestrales lors de ses navigations à l'autre bout du monde l'ont profondément marqué et ont nourri chez lui le désir de créer un endroit où il pourrait récolter le travail de ses mains pour nourrir les siens. La méthode du Bec-Hellouin est ainsi fortement imprégnée d'influences asiatiques comme ancestrales. Depuis 2010, un centre d'étude et de recherches a été créé à la ferme pour modéliser leur méthode et tenter de démontrer la rentabilité d'une ferme permacole. En 2015, il a été prouvé que 1000 m^2 entièrement cultivés à la main selon la méthode du Bec-Hellouin permettent de produire l'équivalent de 55000 m^2 en agriculture traditionnelle (études et analyses disponibles en ligne sur le site de la ferme du Bec-Hellouin, *fermedubec.com*). Même si plusieurs experts réfutent ces résultats et qu'il est démontré en parallèle que le coût d'installation d'une ferme en permaculture est très élevé avant d'atteindre de tels résultats, les ouvrages du couple Hervé-Gruyer sont documentés et profondément optimistes. Et à l'époque à laquelle nous vivons, l'optimisme fait sacrément du bien.

Olivier Puech et Damien Dekarz, les youtubeurs de la permaculture

On les met tous les deux ici dans le même panier car leur générosité, leur humilité et leur passion du jardin vivant les rassemblent. Dans leurs petits paradis dont ils connaissent les moindres recoins, Olivier et Damien sèment, plantent, creusent, cherchent, testent, essaient, recommencent… puis partagent, avec un cœur immense et une grande simplicité. Nous ne pouvons que leur rendre hommage et inviter le plus grand nombre à aller consulter leurs chaînes YouTube et leurs ouvrages papier.

Et plein d'autres encore…

Didier Helmstetter et son Potager du Paresseux, Kurt Forster et son petit jardin en permaculture, Jean-Martin Fortier et sa modélisation d'une ferme permacole, la formidable Rosemary Morrow et son manuel d'apprentissage incroyablement documenté et complet… oui, la permaculture est faite d'humains, c'est une merveilleuse expérience d'incarnation. Et bonne nouvelle : nous pouvons tous y prendre part.

C'EST QUOI, CULTIVER UN ENGRAIS VERT?

C'est une méthode ancestrale (eh oui, encore) qui consiste à semer une plante à croissance rapide (luzerne, moutarde, trèfle, colza…) entre deux cultures pour empêcher les adventices de s'installer, éviter le lessivage des sols par la pluie et, surtout, apporter des éléments nutritifs (notamment de l'azote). Les engrais verts améliorent ainsi la structure de la terre et sa fertilité. *(Voir pages 65-66 pour plus de détails.)*

* Curieusement ce mot, qui signifie améliorer la qualité du sol et la vie qui y grouille, n'existe pas dans le dico. Allez, on l'aime TELLEMENT qu'on se l'autorise !

À la recherche du terrain parfait

En tant que permaculteur, je reçois souvent des coups de fil de copains du genre :

Eh bien...
Eh bien, j'orienterais la recherche autour de quatre éléments-clés :
D'abord, vise un terrain avec de l'eau. Mare, étang, rivière, source naturelle...
Ou, à défaut, recherche un terrain favorisant son écoulement pour un stockage dans des citernes.
Deuxio, opte pour un sol vivant.
Un sol vivant, bien structuré et riche en humus, stocke beaucoup d'eau, de substances nutritives minérales et de carbone.
Une terre qui a été beaucoup cultivée, retournée, traitée aux pesticides est une terre appauvrie.
Fais-toi raconter l'histoire du terrain. Moins il a été exploité*, plus il a de valeur.
*hormis en permaculture, indeed.
Ensuite, lève les yeux vers les arbres.
Outre leur capacité à restaurer des terres dégradées, ils peuvent te nourrir, te chauffer, servir de bois d'œuvre...
Plus le système agro-sylvo-pastoral* de ton terrain est dense, plus ton jardin est biodiversifié et bénéficie d'une terre équilibrée pour développer un potager.
Han ! Il me faut une forêt, alors ?
*agro-sylvo-pastoral : herbacés - arbres - animaux
Un bois, une mare, une prairie...
Plus tu cumuleras de milieux différents, plus il y aura d'espèces de végétaux différents.
Or c'est la biodiversité des végétaux qui attire le reste du monde vivant.
Amazing !

*Et notamment de la lecture du chapitre 2 de LA bible de David Holmgren datant de 2002, *Permaculture* : « Capter et stocker l'énergie ».

*Les épluchures crues de pommes de terre contiennent de la solanine, une toxine dangereuse pour les poules.

Ce principe est énoncé dans la fleur des principes permaculturels page 47 sous l'intitulé : « Réagir de manière créative ».

Principe numéro 3 : Intégrer plutôt que séparer*

On considère les éléments (l'arbre, la mare, le compost...) au regard des interactions qui existent entre eux.

Ainsi, le placement de chacun est essentiel pour permettre aux connexions de s'établir.

* Selon ce principe, chaque élément remplit plusieurs fonctions, et chaque fonction est remplie par plusieurs éléments.

Une haie peut être brise-vue, mais aussi refuge pour la faune, et nourricière pour l'humain.

La bourrache produit une biomasse idéale pour le paillage (et en plus c'est beau !).

Ses fleurs sont comestibles*, elles attirent les pollinisateurs et éloignent les limaces !

* ⚠ À dose homéopathique, une trop grande quantité peut se révéler toxique.

Principe 4 : Utiliser et valoriser l'effet de bordure

La zone de rencontre entre deux biotopes, est extrêmement productive.

La canopée, par exemple, lien entre l'air et la cime des arbres, est habitée par des oiseaux, des insectes, des mammifères et même certains végétaux. Il y a plus de biodiversité dans cette lisière qu'autour.

Principe numéro 5 : Travailler avec la nature plutôt que contre elle

Souvent, au jardin, on s'acharne à faire mourir ce qui veut vivre et à faire vivre ce qui n'arrive pas à y pousser.

Construire en zone inondable, par exemple, revient à amputer les plaines de leur capacité à faire office d'éponge, absorbant et retenant les eaux de crue pour ensuite les relâcher progressivement...

Concrètement, pour cela, on essaie de :

1. Rester connecté

Un terrain n'est jamais isolé, il fait partie d'un ensemble.

Il y a les connexions visibles : oiseaux, insectes, graines et pollen apportés par le vent.

Et les connexions invisibles : vie du sol, racines, mycorhizes...

Ici par exemple, ces deux tourtereaux vont galérer pour leur date.

Schéma 1 : lapins en équivalent confinement

Là, on est plus confiants...

Schéma 2 : chauds lapins

Faciliter la circulation de la vie en mettant en place des corridors écologiques est au cœur de la logique permacole.

2. Libérer notre côté sauvage

On laisse le plus possible d'herbes spontanées. Elles nourrissent les oiseaux et abritent les insectes, notamment les coccinelles.

On s'efforce de ne pas trop fréquenter ces zones pour laisser ce petit monde tranquille...

On peut aussi entreposer des tas de bois mort ou de pierres pour accueillir des petits mammifères auxiliaires.

Un exemple de l'utilité d'herbes sauvages au jardin ? Parlons fourmis.

Comme elles raffolent du miellat fabriqué par les pucerons, elles en élèvent des colonies qu'elles défendent contre les prédateurs.

Sans herbes hautes :

les fourmis installent les pucerons dans les arbres fruitiers pour qu'ils se nourrissent de sève.

Avec herbes hautes : (notamment le rumex)

les fourmis installent les pucerons dans les herbes où ils trouvent gîte et couvert à proximité des fourmilières.

3. Aimer nos vieux et nos morts

Un vieil arbre est une chance incroyable.

Il est un abri pour les mésanges ou les coccinelles. Sous terre, ses racines échangent avec les champignons mycorhiziens, qui sont capables de stocker l'eau et redistribuer les nutriments.

Une fois mort, les insectes vont y pondre*...

Au jardin, la mort n'est pas une fin.

* On peut aussi le couper et le laisser au sol.

4. Nous « marer »

Implanter une mare*, c'est installer de nombreux auxiliaires très précieux pour notre écosystème tels que la libellule, grande prédatrice de la piéride du chou, ou encore le crapaud commun, gros amateur de limaces...

*On vous dit concrètement comment page 111

5. Envisager autrement nos barrières

Pour les haies, associer un maximum de variétés d'arbustes différentes.

Ils sont un incroyable refuge pour la faune, aussi bien les insectes que les oiseaux.

Et si une des variétés de la haie est attaquée par une maladie ou un indésirable, toute la barrière végétale n'est pas en péril...

La description idyllique de Philibert qui ouvre ce chapitre, réalisée à partir de l'ouvrage de David Holmgren, est uniquement présentée ici pour permettre de bien comprendre les tenants et les aboutissants de la logique permaculturelle.

Évidemment ce terrain idéal n'est en aucun cas une condition nécessaire pour pouvoir se lancer en permaculture, loin s'en faut. D'ailleurs, pour compléter ce tableau parfait (et le rendre encore plus parfaitement introuvable dans la vraie vie), nous ajouterions bien un dernier point qui rejoint les préceptes chinois du feng shui : celui du relief. Même si, on en conviendra, le relief ne facilite pas l'entretien d'un terrain, il permet d'ajouter la gravité, une source d'énergie extraordinairement précieuse. La pente peut en effet être utile de nombreuses manières, en captant mieux les rayons du soleil ou en limitant les vents, par exemple, mais aussi en facilitant l'évacuation des excès d'eau. À noter : les coteaux bien exposés au soleil sont toujours des milieux très productifs.

Lorsqu'on débute en permaculture, la question du terrain arrive très vite. Et surtout en ces termes : « Combien me faut-il de surface pour atteindre l'autosuffisance alimentaire pour ma famille? » Là-dessus, beaucoup d'encre a coulé et coulera encore, car de très nombreux critères entrent en ligne de compte : la nature du terrain évidemment, son implantation géographique, son histoire… mais aussi les aléas du direct : une année A, la météo peut être fantastique et les récoltes abondantes, et l'année B, des attaques de ravageurs, un manque ou un surplus d'eau ou encore une belle maladie cryptogamique bien tenace peuvent ravager un potager.

On aime alors assez le récit de Perrine et Charles Hervé-Gruyer, qui, dans leur ouvrage *Permaculture, guérir la Terre, nourrir les hommes,* racontent avec humilité les débuts de leur ferme agricole. À l'époque, ils n'avaient qu'une idée en tête : acheter toujours plus de terrain autour de leur maison, s'agrandir afin de pouvoir produire le plus possible. Avec la permaculture, ils ont découvert que chouchouter un petit terrain, faire pour un morceau de terre ce qu'il y a de mieux (apports de compost, paillage, travail manuel…) était bien plus bénéfique (et même, affirment-ils, économique) que produire sur d'immenses espaces. La permaculture prend donc l'exact contrepied de toutes les pratiques historiques d'agriculture, ce qui est incroyable et sacrément encourageant quand on ne dispose que d'une toute petite surface pour se lancer.

Un autre joli exemple à ce sujet est celui de l'incroyable permaculteur citadin, Joseph Chauffrey. Celui-ci habite près de Rouen. Après s'être formé dans la ferme du Bec-Hellouin des Hervé-Gruyer, Joseph a énormément travaillé, observé son terrain pendant des heures carrées, puis il a conçu des designs pour optimiser la production de son jardin de ville de 150 m^2. Sur cette surface, il parvient aujourd'hui à la prouesse de produire 400 kg de fruits et légumes par an, ce qui correspond à une autonomie pour deux personnes…

Voici à présent la « fleur des principes permaculturels » : il s'agit d'une représentation graphique de David Holmgren, l'un des piliers du mouvement, permettant d'expliquer les grands principes de la permaculture. Prenons quelques exemples.

- **Collecter et stocker de l'énergie :** en permaculture, quand il s'agit de stocker de l'énergie, on ne parle pas de batteries mais plutôt de tout ce qui représente une richesse à exploiter plus tard. Par exemple une terre fertile, riche en humus, qui servira à développer un potager, lui-même abondant en nourriture pour les semaines à venir; mais aussi les arbres de la forêt, potentielles futures bûches à brûler dans le poêle; ou encore un réservoir d'eau de pluie, permettant d'arroser le potager.
- **Appliquer l'autorégulation et accepter la rétroaction :** l'idée est de construire des systèmes autonomes et résilients. Aujourd'hui, nos sociétés interconnectées et mondialisées sont très fragiles : au moindre aléa, un pan entier de l'industrie peut se retrouver à l'arrêt du jour au lendemain. Comme en mars 2021, lorsque le porte-conteneurs géant *Ever Given* s'était coincé en travers du canal de Suez – passage hautement stratégique de l'économie mondiale – bloquant le commerce international pendant six jours et créant la panique sur l'ensemble des marchés financiers!

Fleur des principes éthiques et fonctionnels de la permaculture

À contre-courant, la permaculture prône la mise en place de systèmes solides, à échelle humaine, susceptibles de s'adapter vite et facilement aux aléas. Imaginons une famille qui dispose d'un récupérateur d'eau de pluie pour arroser son jardin et ne veut utiliser que celui-ci sans avoir recours au réseau d'eau. Elle pourra réguler facilement sa consommation selon la ressource disponible, décider ne pas arroser pendant plusieurs jours afin d'économiser de l'eau, ou se permettre d'arroser plus abondamment la veille d'un jour d'orage. Vertueux.

• **Favoriser les ressources renouvelables :** quand on pense « énergies renouvelables », on imagine aujourd'hui des champs d'éoliennes ou des toits couverts de panneaux photovoltaïques. Mais pensons aussi aux services rendus par les animaux, comme les vaches ou les moutons dans un verger, qui assurent une tonte impeccable de l'herbe et nous économisent des heures de tondeuse ! L'énergie solaire remplace aussi le sèche-linge, avec la simple aide… d'une corde à linge. Pourquoi faire compliqué quand on peut faire simple?

• **Ne pas produire de déchet :** rien ne se perd, tout se transforme! La permaculture nous apprend à valoriser chaque objet, chaque matériau, et à en faire l'usage le plus juste. En valorisant les ressources déjà disponibles, on évite de produire en surabondance. Vive la seconde main, l'*upcycling* et le réemploi!

Focus sur la terre

Les pages 49 à 57 ont été réalisées à partir du livre de Blaise Leclerc paru au éditions Terre Vivante : *Les Clés d'un sol vivant*.

Quand on creuse une tranchée dans le sol, des couches appelées horizons apparaissent.
Sous nos climats tempérés, les pluies d'hiver entraînent les particules fines en profondeur, ce qui appauvrit l'horizon de surface.
La Vie brasse les nutriments, les diversifie, les répartit. Les arbres remontent les minéraux par leurs racines et en nourrissent le sol par leurs débris végétaux.
Jean-Pierre remonte des éléments par ses excréments.
Pour un régime riche en minéraux, sucez mes feuilles plutôt que de boire de l'eau en bouteille !
Sinon y a aussi mes p'tits cacas.
litière
humus
sol
sels minéraux
sous-sol
La terre est ainsi constituée à 95 % de matière minérale, et principalement d'argiles.
Les argiles sont essentielles au sol : elles stockent l'eau.
Elles retiennent les éléments minéraux nécessaires à la nutrition des plantes.
Elles freinent la décomposition des matières organiques du sol.
Et la peau en raffoooole !
La texture des sols peut être argileuse, limoneuse ou sableuse. Aucune n'est parfaite :
Un sol argileux retient l'eau… mais empêche l'air de circuler.
Un sol limoneux forme une croûte de battance à la surface que les plantes ont du mal à percer.
Un sol sableux laisse circuler l'air. Les particules organiques qui s'y trouvent s'y décomposent (trop) vite.

Les 5% restants dans la composition de la terre sont de la matière organique provenant d'êtres vivants :
micro-organismes,
animaux : fèces, mues, déjections, cadavres...
plantes : racines, feuilles et tiges mortes.
Ça, la peau en raffole moins que l'argile.

La matière organique s'accumule à la surface car certains composants végétaux comme la lignine sont difficiles à dégrader.
végétaux
litière peu dégradée
humus
litière très dégradée + roches
sol
roche-mère
sous-sol
La dégradation incomplète de la lignine forme l'humus noir et humide qui donne sa couleur sombre à la terre et lui fournit lipides, glucides et protéines.

C'est clair pour tout le monde ? Z'êtes pas allés vous enterrer ? Parce que voilà LA bonne nouvelle du jour.
L'humus est super bon pour la peau, mon Phiphi ?
Euh, pas encore essayé !
Mais contrairement à la texture de la terre qu'il est très difficile de modifier, on peut améliorer et entretenir sa structure pour qu'elle devienne idéale,
c'est-à-dire grumeleuse.

Pour cela, à nous de nourrir les micro-organismes qui faciliteront la circulation de l'eau et de l'air dans le sol.
Enfilez votre tenue d'agent secret, on va aller regarder ça de plus près.
Ouuuuh, j'en frétille d'impatience.
Moi itou.

Car oui... un monde secret vit sous nos pieds...
Les habitants du sol.
Sous 1ha de prairie on trouve :
Env. 3t. de champignons
1,5 t. de bactéries
1 à 2t. de vers de terre
Algues, protozoaires, nématodes, insectes, cloportes, mille-pattes...
Ce petit monde pèse pas loin de 6 tonnes à l'hectare.
Leur fonction principale ? DÉCOMPOSER la matière organique morte.
Regardez le travail : agents décomposeurs, une feuille de hêtre est à terre !
Réglez-lui son compte.
1. Action de la mésofaune :
1 Les collemboles percent la feuille, ouvrant la voie aux bactéries et champignons.
2 Des larves poursuivent le travail.
3 Des macro-arthropodes découpent la feuille et ses nervures.
2. Action des microfaune et microflore :
L'activité des bactéries et champignons s'accélère.
Des animaux encore plus petits finissent le hachage.
Efficace, mmh ?
À côté des décomposeurs, on trouve la macrofaune, qu'on pourrait appeler les LABOUREURS
Ils enfouissent et mélangent les détritus organiques décomposés, et ainsi :
Augmentent la porosité du sol.
Fournissent de l'air permettant aux autres décomposeurs de respirer.
Je suis Pierre, Jean-Pierre.
Et moi Porte, Cloporte.

Les êtres vivants du sol ne font pas que décomposer et labourer. Leur fonction est surtout d'aider les plantes à pousser.

Pour pousser, la plante a besoin de prélever des minéraux, de l'oxygène et de l'eau dans le sol.

D'ailleurs, à propos de vers de terre, 'saviez qu'ils représentent 70% de la biomasse animale terrestre ?

Quelque part, la nature a choisi cette espèce. C'est forcément qu'elle est précieuse.

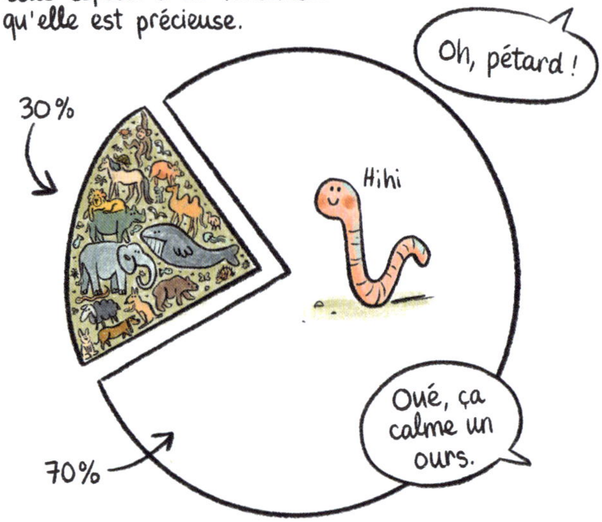

Ah, et au passage, halte aux légendes. Un ver de terre coupé en deux ne devient pas deux vers de terre.

Il devient un ver de terre mort, c'est tout.

Et c'est bien dommage, car les vers de terre se développent lentement et produisent seulement 8 cocons par an.

Une autre idée reçue à évincer : non, le ver de terre ne se nourrit pas des racines de nos plantes.

Il mange quasiment son poids chaque jour en matière organique, certes, mais morte (branches et feuilles...).

En 10 ans, la totalité de la couche arable du sol* passe dans le tube digestif des vers de terre.**

Il existe plus de 40 espèces différentes de vers de terre, réparties en trois catégories : les espèces épigées, endogées et anéciques.

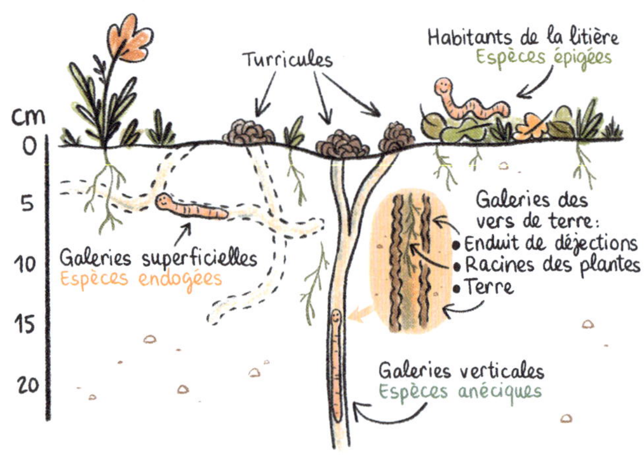

Les espèces anéciques font des haut-bas, créant un mélange matières végétales/ matières minérales.

* La couche supérieure, entre 10 et 30 centimètres de profondeur.
** Daniel Cluzeau, du laboratoire ÉcoBio (écosystèmes, biodiversité, évolution) du CNRS et de l'université de Rennes.

*5 fois plus d'azote, 7 fois plus de phosphore et 11 fois plus de potassium que dans la terre environnante.

*source : *Le Bio Grow Book* de Karel Schelfhout et Michiel Panhuysen (Mama Éditions).

*Voir les différentes études de Claude et Lydia Bourguignon.

*OK, on en fait un peu trop, mais on est à la DGSE, quand même.

La terre et ses petits habitants qui travaillent pour nous gratis sont donc essentiels et capitaux à l'heure de nous lancer dans notre potager. Partons alors à la découverte de notre sol.

Une fois le lieu choisi dans notre jardin (si tant est qu'on ait vraiment le choix, 200 m² en ville sont un super début et on s'adaptera !), plusieurs tests, proposés par Blaise Leclerc dans son formidable ouvrage intitulé *Les Clés d'un sol vivant*, sont intéressants à réaliser.

Le test de profondeur

Pour analyser un sol, l'idéal est d'y creuser une fosse, à proximité de végétaux en place, et d'au moins 1,50 m si c'est possible (les sols jeunes sont en effet souvent très minces, quelques dizaines de centimètres tout au plus). À noter que l'épaisseur et la nature d'un sol varient énormément même sur une très courte distance, notamment si la région est vallonnée. Parfois ainsi, même à 1,50 m de profondeur, on est encore loin de la roche-mère ! La première information que l'on obtient avec cette fosse est donc une idée de l'âge de notre sol.

On s'intéresse dans un deuxième temps à son « profil » : lorsqu'on creuse une fosse, souvent ses parois sont lissées par l'outil qui nous a servi à creuser. En grattant légèrement ces parois avec un couteau, on peut alors suivre les racines de nos végétaux, découvrir des galeries de vers de terre… On notera s'il est facile ou non d'enfoncer la lame de notre couteau, et donc l'état de compaction du sol, ses différentes strates de couleurs, sa structure…

Les tests de structure

On se l'est dit avec Philibert, si on ne peut pas changer la texture de son sol, on peut en améliorer la structure. Pour découvrir à quoi ressemble la nôtre, il suffit de prélever à la bêche un échantillon de notre terre en un bloc. Lorsque le sol n'est pas trop sec ni trop ressuyé (en gros, à l'automne ou au printemps), on extrait donc un morceau. Puis on le casse en grosses mottes, sans forcer, jusqu'à obtenir des grumeaux de petite taille.

• Si on sépare les mottes les unes des autres facilement, c'est que les « traits de découpe » existent et sont la résultante du travail des vers de terre et des racines des végétaux dans le sol. (C'est donc bon signe.)

• Si les angles de fracture entre deux mottes sont arrondis, c'est que les micro-organismes sont actifs. On peut même, dans ce cas, voir des turricules de vers de terre ! Si on doit en revanche forcer pour séparer les mottes et que les cassures sont nettes, c'est que la vie du sol est plus faible.

• En sentant la terre (avec votre nez, oui, oui, c'est bien ce que l'on vous suggère), testez si elle a une mauvaise odeur, qui serait signe d'un défaut d'oxygénation ayant conduit à de la fermentation. Regardez (avec vos yeux) votre terre : si elle est d'une couleur grise, bleu-vert-de-gris, c'est le signe qu'elle est compacte et gorgée d'eau. Écoutez enfin (avec vos… oreilles, oui, vous suivez !) le crissement de la terre lorsque vous l'écrasez entre vos doigts. Qui dit crissement dit présence de sable.

Un second test peut être effectué pour approfondir nos données sur la structure de notre sol : celui de la stabilité structurale. Il suffit pour cela de prélever plusieurs morceaux grossiers de notre terre (de 4-5 cm de diamètre) et de les plonger dans un bocal d'eau. On attend ensuite une nuit. Si les mottes se décomposent rapidement, la structure du sol n'est pas stable, il lui manque de la matière organique. Si les mottes restent intactes, la structure du sol est bonne : l'air y circule bien et il résiste à la pression de l'eau.

Les tests de texture

Pour apprécier la texture de la terre, deux tests sont à effectuer.

D'abord le **test du boudin** (proposé par le ministère de l'Éducation nationale, académie de Créteil).

• Prenez une poignée de votre terre et humidifiez-la légèrement.

• Essayez de faire une boule avec. Vous n'y arrivez pas ? Votre terre est sableuse, le test est terminé Vous y arrivez ? Votre terre n'est pas majoritairement sableuse, continuez.

• Essayez de faire un boudin de 10 cm Vous n'y arrivez pas ? Votre terre est plutôt

QUELQUES PRÉCISIONS SUR LE FONCTIONNEMENT D'UNE PLANTE

La plante absorbe par ses racines les éléments nécessaires à sa croissance : eau, azote, phosphore, potassium...

Elle rejette de l'eau par transpiration en remontant les sels minéraux du sol via la sève.

Elle capte l'énergie solaire et le carbone de l'air et utilise de l'eau qu'elle transforme, par le processus de photosynthèse, en sucre et oxygène.

Elle ingère de l'oxygène du sol et de l'air pour respirer : elle fabrique en effet de l'oxygène pendant la journée par photosynthèse, mais elle en consomme la nuit pour respirer.

C'est pour cela qu'il est important que les sols soient correctement oxygénés et pas trop tassés, sinon, les racines peinent à trouver dans la terre l'oxygène nécessaire à leur bonne croissance.

Petit rappel sur le fonctionnement d'une plante :

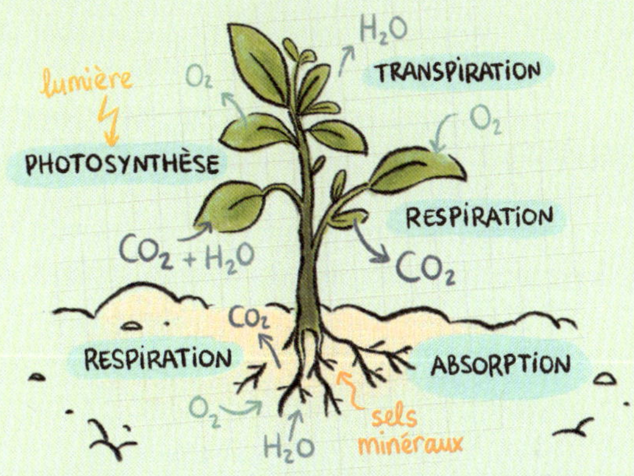

Pour pousser, la plante a besoin de prélever des minéraux, de l'oxygène et de l'eau dans le sol.

sableuse (moins de 10 % d'argile).
Vous y arrivez? Votre terre est limoneuse ou argileuse (plus de 10 % d'argile).
• Essayez de former un anneau avec le boudin.
Vous n'y arrivez pas? Votre terre est limoneuse.
Vous y arrivez mais le boudin se casse ou s'effrite? Votre terre est plutôt limoneuse (moins de 30 % d'argile).
Vous y arrivez facilement? Votre terre est argileuse (plus de 30 % d'argile).

Ensuite, le **test de la sédimentation**.
Prenez un récipient étroit et remplissez-le à moitié avec votre terre. Ajoutez de l'eau en laissant de l'air pour pouvoir mélanger. Agitez vigoureusement et laissez reposer une nuit, voire plus – il faut attendre que l'eau soit claire, signe que les particules d'argile se sont déposées, pour que le test soit valide.
Les particules minérales vont se séparer selon leur poids : les plus lourdes (sable) tomberont en bas, les plus légères (argile) se déposeront tout au-dessus, le limon au milieu; quant à la matière organique, elle flottera tout en haut.
La limite sable-limon peut se déterminer à la consistance si la couleur est la même : grains pour le sable, particules plus fines pour le limon.
La limite limon-argile se joue à la couleur. Néanmoins en agitant légèrement le bocal on remet l'argile en suspension, ce qui facilite la délimitation.
Ne reste ensuite qu'à mesurer la hauteur totale de la terre puis des trois couches pour calculer les pourcentages :
• % de sable = (hauteur du sable * 100)/(hauteur totale de la terre)
• % de limon = (hauteur du limon * 100)/(hauteur totale de la terre)
• % d'argile = (hauteur de l'argile * 100)/(hauteur totale de la terre)

Enfin, pour ce qui est de la matière organique, sa présence est difficile à mesurer dans le sol où elle n'est présente, de toute façon, qu'entre 1 et 5 %. L'observation de morceaux de racines non décomposés, de turricules de vers de terre ou d'agrégats bien ronds lorsque vous séparez une motte reste le meilleur indicateur de la présence de matière organique dans votre terre. Poursuivons quelques expériences en jouant au petit chimiste...

Les tests de PH

Un indicateur intéressant pour votre terre est de savoir si elle est acide ou alcaline : ainsi, vous saurez déterminer quel type de plante se plaît – ou non – dans votre jardin. Pour cela, deux tests à nouveau...

• Le **test du vinaigre**
Versez quelques gouttes de vinaigre d'alcool sur un peu de votre terre bien sèche. S'il y a des bulles, votre terre est calcaire, son pH est supérieur à 7,5. Si, après avoir renouvelé l'expérience une fois pour en avoir le cœur net, ça ne bulle toujours pas, votre terre est neutre ou acide. Plus les bulles apparaissent rapidement et plus elles sont grosses, plus votre terre est calcaire et son pH est élevé.

• Le **test du bicarbonate de soude**
Pour déterminer si votre sol est neutre ou acide, mouillez un peu de terre avec de l'eau et versez dessus du bicarbonate de soude (sous forme de poudre). Si des bulles apparaissent, votre terre est acide (pH < 6). Si aucune bulle ne se forme, elle est neutre (pH compris entre 6,5 et 7,5).

Bon, et une fois qu'on a effectué tous ces tests, il nous reste à déterminer sur quels merveilleux petits jardiniers gratis on va pouvoir s'appuyer pour travailler.

Qu'en est-il alors de notre vie du sol? Plusieurs petites expériences à faire.
• Ouvrez l'œil quand vous travaillez (en surface et raisonnablement, nous verrons cela juste après) votre terre. Pouvez-vous observer beaucoup de petits agents tels que ceux de la macrofaune décrits dans la bande dessinée page 52?
• N'hésitez pas à faire quelques sorties nocturnes équipé d'une lampe de poche pour observer les vers de terre! Ils sortent la nuit pour se nourrir de la matière organique disponible en surface.
• Soulevez les tas de feuilles ou de pierres pour voir ce qui se passe dessous.
• Faites aussi des visites régulières dans votre tas (ou votre futur tas si vous n'en avez pas déjà un) de compost. Ça grouille là-dedans, et cette activité est toujours bon signe!

Une fois que vous êtes au clair sur le profil de votre terre, il va être temps d'envisager de l'aggrader. Avec une conviction chevillée au corps, donc, on l'aura bien compris : celle qu'une bonne terre est avant tout une terre VIVANTE. En nourrissant nos sols et ses organismes vivants, nous nourrissons en réalité les futurs légumes de notre potager. C'est d'ailleurs la différence fondamentale avec les cultures d'agriculture intensive ou les cultures hors sol : la terre n'est pas nourrie et les légumes sont abreuvés d'engrais standardisés (qui sont fabriqués, entre autres, à partir de gisements naturels qui se font de plus en plus rares, comme l'azote par exemple, extrait à grands coups d'énergies fossiles... bref, bref!).

Allez, on frétille de s'y mettre, alors passons au chapitre suivant pour découvrir comment obtenir la précieuse texture grumeleuse dont raffolent les végétaux...

COMMENT CHOISIR LA MEILLEURE PLACE POUR SON POTAGER?

• Évitez les zones trop ombragées.
• Choisissez un lieu accessible, le plus près possible de la maison.
• Favorisez un endroit à proximité d'un ou de plusieurs points d'eau.
• Attendez l'hiver pour choisir l'emplacement idéal : vous éliminerez ainsi les lieux d'ombres portées permanentes et ceux où l'eau et la neige stagnent, écartant ainsi les zones les plus gélives du jardin.
• Privilégiez les terrains en légère pente ou plats, orientés vers le sud, à l'abri des vents dominants.

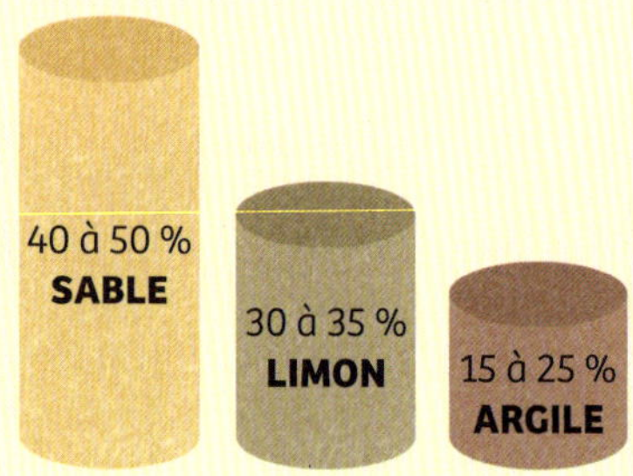

LE SOL IDÉAL À TEXTURE GRUMELEUSE

Les sables améliorent la porosité du sol, les limons le lient, les argiles y retiennent les éléments essentiels.

Quelques semaines plus tard par rapport à la photo de la page 36, on est émerveillés : la vie du sol s'est sacrément réveillée, les plantes ne se font pas prier pour pousser !

Comment améliorer sa terre ?

Hein?
Qu'est-ce que vous voulez en faire ?
Imiter la forêt.
Personne ne ramasse ses feuilles mortes pour les emporter à la déchèterie.
Ah ouiiiii... Imiter la forêt.
Jean-Mi, viens voir le voisin, tu veux bien ?
Dans la nature, un sol n'est jamais à nu. Laisser la terre à l'air libre est une aberration écologique.
Couvrir son sol* est un acte multifonctions essentiel à la bonne santé d'un jardin en permaculture.
Pourquoi ?
*On dit aussi « mulcher » ou « pailler ».
Parce que pailler...
réduit les effets de l'érosion de l'eau et du vent*
prévient la formation d'une croûte de battance**
protège contre les chocs thermiques
accumule et stocke l'eau
nourrit la terre
favorise la vie du sol
évite le désherbage
* qui rendent le terrain infertile.
** qui ralentit l'infiltration de l'eau.
Un mulch organique, varié et équilibré, une fois décomposé par les bactéries et les divers organismes vivant dans le sol, devient nutritif et procure force et goût aux légumes qui y poussent.
La terre gagne en qualité et se transforme en un humus fertile.
Ouh là... Jean-Mi ?

*Pas plus de 20% de résineux pour ne pas acidifier le sol. Pour les trop grosses branches, investir dans un broyeur !

PAILLAGE, MULCH ET PAILLIS

Selon la définition du Larousse, le **mulch** regroupe l'ensemble des matières organiques que l'on vient déposer pour aggrader le sol (c'est-à-dire l'améliorer, par opposition à « dégrader »). On parle de **paillage** lorsque l'on utilise spécifiquement un mulch de paille. Quant au terme **paillis**, moins utilisé, il fait plutôt référence au mulch déposé pour des raisons esthétiques : par exemple pour éviter que certains fruits soient souillés par la terre, ou encore pour décorer un jardin.

Mulcher : une stratégie gagnante pour tous les types de sols !

Recouvrir le sol de matière organique, pour le protéger et le fertiliser : voilà ce que signifie mulcher. On appelle matière organique tout ce qui provient directement ou indirectement de tissus et d'organismes vivants : des feuilles d'arbres, des branches, mais aussi du carton brun, des épluchures, de la tonte d'herbe, du foin, du fumier, du purin ou encore des déjections d'animaux, du sang, de l'urine… Toute cette matière vient nourrir la microfaune qui la décompose, laboure la terre et favorise la pousse des végétaux. Lorsqu'il se lie à l'argile présente dans le sol, le mulch crée aussi le **complexe argilo-humique**, dit « humus stable » : c'est le sol le plus fertile pour les plantes !

Aussi on n'hésite SURTOUT PAS à apporter autant que possible cette matière organique au potager, que notre terre soit argileuse, limoneuse ou sableuse. Elle est l'amendement d'excellence, à déposer à la surface du sol pour lui laisser l'oxygène nécessaire à sa dégradation : pas d'enfouissement, donc. Nourrir la faune du sol et augmenter la quantité d'humus de notre terre paiera toujours.

Notons d'autre part que couvrir la terre est sans doute le premier rôle des plantes pour éviter l'érosion naturelle, très violente à l'air libre. La meilleure protection du sol est donc celle qu'offrent les végétaux. Prenons l'exemple de la prairie : soumise au vent, à la pluie et donc à l'érosion, elle développe une couverture végétale constante avec des systèmes racinaires très denses en surface pour maintenir la terre et les nutriments en place. Le principe de paillage dont s'inspire la permaculture par l'observation de la forêt est ainsi, en quelque sorte, une solution pansement. Nous l'avons vu avec Philibert, il existe plein de paillages possibles. Mais on retiendra que le meilleur est sans doute celui offert par les feuilles mortes des arbres de notre terrain ou d'un terrain proche du nôtre (dont les végétaux correspondent naturellement bien à notre écosystème).
Les arbres, avec leurs racines, ont accès à des nutriments enfouis très profondément dans le sol qu'ils redistribuent ensuite à leurs feuilles. Une fois tombées à l'automne, ces dernières libèrent ces nutriments en se décomposant, nourrissent la terre,

COMPRENDRE SON SOL

Le sol est compact, difficile à travailler

Il s'agit sans doute d'un sol argileux, qu'il va falloir rendre plus meuble, plus léger. Pour cela, on peut planter à la fin de l'été de la moutarde blanche, qui fera office d'engrais vert : avec ses racines profondes, elle fait remonter en surface le potassium et le phosphore. On peut ajouter du seigle, qui aère le sol, et de la phacélie, qui le décompacte. En parallèle, il faut choisir du compost et du fumier jeunes, et mulcher au printemps.

Le sol est léger, s'assèche vite, est sujet aux lessivages

C'est un sol sableux, qu'il faut aggrader pour l'aider à garder l'humidité. On y apporte régulièrement du compost mûr et du fumier décomposé, pour l'enrichir, et on mulche au maximum pour garder l'eau. On peut aussi semer quelques engrais verts comme le sarrasin, bon fournisseur de carbone, et le trèfle pour apporter de l'azote. Une fois décomposés, ces deux végétaux fournissent beaucoup d'humus.

Le sol est fragile mais bien équilibré, entre argile et sable

C'est un sol limoneux, presque parfait ! Il est toutefois sensible à la compaction, ce qui signifie qu'il se tasse vite et devient moins poreux. Pour éviter que ce phénomène provoque l'asphyxie des racines des plantes, il faut aérer le sol : en effet, si l'on n'y prend pas garde, le sol limoneux forme vite une croûte de battance, sèche et imperméable, qui empêche les plantes de pousser ! Il faut beaucoup mulcher et planter des engrais verts aux racines courtes, comme le seigle ou la phacélie.

Le sol est dur quand il est sec, mais collant quand il est humide

Il s'agit d'un sol calcaire, assez pauvre, avec des carences. On le paille avec des bois résineux, afin d'acidifier le sol, et on apporte du compost demi-mûr. Côté engrais verts, on va privilégier le lupin et le trèfle, qui sont de bons fixateurs d'azote, ou la vesce, particulièrement efficace contre le lessivage.

et par extension ensuite… les légumes du potager. #lanatureestbienfaite

Revenons-en là où nous en étions : dans le chapitre précédent, nous avons vu comment définir la texture de notre sol. Outre des apports de matière organique à gogo, voyons à présent comment, texture par texture, aggrader les sols.

On ne peut pas parler d'amélioration de notre terre sans évoquer les engrais verts, ces plantes que l'on cultive pour améliorer et fertiliser la terre.

L'engrais vert fonctionne en parfaite complémentarité avec le compost. Celui-ci enrichit la terre en humus, pendant que l'engrais vert contribue à stabiliser la structure du sol en nourrissant des bactéries d'un côté et des vers de terre de l'autre.

Le principe est de semer les engrais verts entre deux cultures. Cela permet :
• d'empêcher les adventices de s'installer sur ces parcelles;
• de limiter l'érosion de la terre, particulièrement en hiver;
• d'attirer par leurs fleurs les insectes pollinisateurs et les auxiliaires (oui, on ne se lasse jamais de voir ces petites bêtes merveilleuses au jardin ! Rendez-vous page 138 pour en savoir plus).

Les engrais verts sont fauchés et réutilisés en paillis pour y libérer toutes leurs richesses, constituant alors une matière organique super précieuse pour les habitants du sol.

À chaque engrais vert ses spécificités. On retient aussi :
• pour les engrais verts de la famille

des fabacées (légumineuses), leur capacité extraordinaire à capter l'azote de l'air pour en fertiliser la terre, sachant que l'azote est un élément essentiel pour la croissance des plantes;
• pour les poacées (graminées) ou brassicacées, la profondeur de leurs racines. Celles-ci contribuent à améliorer la structure de la terre tout en puisant des éléments minéraux précieux qui se retrouvent ainsi libérés à la surface lorsque les engrais verts y sont enfouis. On peut semer des engrais verts à n'importe quelle période de l'année, et en associer plusieurs pour combiner leurs bénéfices.

QUELLE EST LA DIFFÉRENCE ENTRE UN ENGRAIS NATUREL ET UN ENGRAIS VERT?

L'engrais naturel est une préparation réalisée soit à base de plantes (purins, décoctions), soit à base de matière animale (fumier, broyage d'arêtes, sang, guano...). Cet engrais est épandu pour :
• fertiliser la terre de manière ponctuelle;
• booster la croissance racinaire des plantes cultivées;
• favoriser la maturité de ces cultures.

L'engrais vert est une plante qui est semée et cultivée non pas pour être récoltée mais pour être déposée en paillis ou enfouie dans le sol : elle y libérera des éléments qui viendront l'enrichir.
L'engrais naturel nourrit ainsi directement les plantes, tandis que l'engrais vert aggrade la terre.

Le sol est comme l'homme : pour être en bonne santé, il lui faut une alimentation variée et équilibrée.

Pour savoir comment équilibrer les amendements apportés au sol, les permaculteurs utilisent le rapport carbone sur azote, abrégé en C/N. Pas de panique : ce n'est pas bien compliqué, on ne vous demandera pas d'être agrégé de maths. Ce rapport mesure l'équilibre entre les quantités de carbone et d'azote apportées. Si C/N = 1, on apporte autant de carbone que d'azote. Mais si C/N = 200, cela signifie que l'on apporte 200 fois plus de carbone que d'azote.

Une matière ligneuse et sèche (comme de l'écorce ou des feuilles mortes par exemple) est souvent plus carbonée, c'est-à-dire que son rapport C/N est élevé, entre 60 et 300. Elle se décompose lentement et n'agit donc pas immédiatement sur le sol. En revanche, à long terme, elle fertilise et structure la terre. Les légumes, eux, ont besoin d'azote. Plus le rapport C/N est bas (entre 1 et 15), plus l'apport leur fournira de l'azote immédiatement disponible.

Reste donc à doser les apports selon un savant équilibre mêlant matières carbonées (bénéfiques pour le sol, à long terme) et matières azotées (bénéfiques pour les plantes, à court terme).

On comprend donc qu'il est inutile d'apporter beaucoup d'azote (sous forme d'urine, par exemple) au potager en hiver, lorsqu'il y a peu de plantes en croissance, mais que cela sera en revanche bénéfique au printemps, quand les végétaux sont en pleine explosion. L'urine humaine (oui, oui, vous ne rêvez pas), qui est un amendement très riche et bourré d'azote, fera des merveilles aux beaux jours (vous en saurez plus en vous rendant pages 136-137).

Il faut toujours chercher à équilibrer les apports au sol, notamment à cause du phénomène de la « faim d'azote ». Pour digérer les matières carbonées, le sol a en effet un besoin immédiat d'azote. Si l'on apporte trop de carbone (sous forme de paille, par exemple), le sol s'appauvrit donc en azote. Lorsque les mois et les années passent, cela finit toutefois par s'équilibrer : les matières organiques se décomposent et libèrent de l'azote... Lorsque le rapport C/N d'un apport tourne autour de 30, on fournit l'azote nécessaire pour digérer le carbone, sans épuiser le sol.

ET SI ON PARLAIT COMPOST DE JARDIN?

De la même manière que le paillis de feuilles mortes, le compost peut être épandu dans le jardin sans risque d'excès.
Il a comme fonction principale d'améliorer la structure de la terre plutôt que de nourrir directement les plantes. Et dans une optique zéro déchet… on en raffole!

Pour réaliser un bon compost, on installe un bac ouvert en contact direct avec le sol, dans lequel on entrepose des matières carbonées et azotées, en suivant le tableau de la page précédente. On a toujours en tête que le rapport C/N à 30 est optimal, on équilibre donc les apports pour l'obtenir! Le principe est que le compost va monter en température par l'action des micro-organismes au bout de plusieurs jours, et atteindre dans les 50 °C. Cette montée en température a l'avantage de détruire les graines d'adventices qui pourraient se trouver dans le compost et de supprimer les maladies éventuelles. Au bout de quelques semaines le compost refroidit car il n'a plus d'oxygène. On le mélange alors pour relancer l'activité microbienne.

Les clés du succès d'un bon compost sont ensuite de :
- varier un maximum les apports ;
- maintenir une humidité constante sans être excessive, surtout au démarrage – pour cela arroser légèrement le compost;
- aérer et relancer la dégradation en le mélangeant deux à trois fois à un mois d'intervalle.

Dans le compost, on peut déposer : épluchures de fruits et de légumes, coquilles d'œufs broyées, marc de café, végétaux, feuilles mortes, brindilles, carton brut et sans encre, carton d'essuie-tout… On évite en revanche les excès d'ail et d'oignons (vermifuges), d'agrumes et de protéines animales (qui risquent d'attirer les rats).
Lorsque l'on bénéficie d'une terre riche, fertile et très habitée, on peut tout à fait réaliser du compost de surface, c'est-à-dire répartir des déchets de cuisine, fanes, épluchures… directement sur le sol. Ainsi, aucune déperdition : ces végétaux nourrissent en direct la vie du sol et une fois décomposés, ils se transforment en excellents minéraux pour nos légumes. Évidemment l'envers du décor est que notre potager aura des allures un peu folkloriques ainsi parsemé de déchets… et qu'on prend le risque d'attirer quelques rongeurs, ce qui n'est pas forcément notre tasse de thé!

Installation et préparation

Naaan, nous non plus on n'est pas fans de plastique… Mais la toile microaérée* rend de bons services à l'heure de préparer sa terre :
MÉTHODO :
Entreposer un immense tas de feuilles à l'emplacement prévu pour le potager.
disposer la toile et des pierres au-dessus pour maintenir en place tout l'hiver.
Ainsi : pas de risque de feuilles qui volent partout
et les vers de terre sont protégés de leurs prédateurs ce qui accroît leur efficacité.
*On peut la remplacer par une épaisse couche de matière organique… si on en dispose en très grosses quantités !

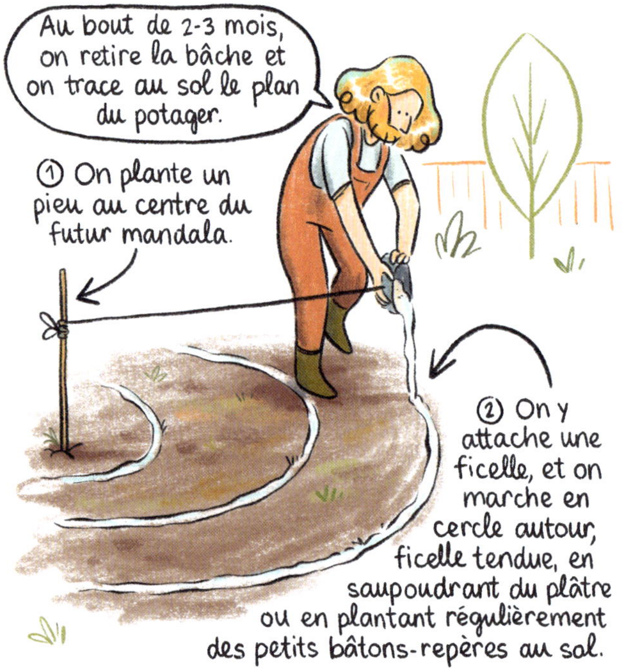
Au bout de 2-3 mois, on retire la bâche et on trace au sol le plan du potager.
① On plante un pieu au centre du futur mandala.
② On y attache une ficelle, et on marche en cercle autour, ficelle tendue, en saupoudrant du plâtre ou en plantant régulièrement des petits bâtons-repères au sol.

On réalise autant de cercles concentriques qu'on le désire, pour obtenir la taille de mandala qui nous convient le mieux !
80 cm
120 cm
Pour les mesures, on prévoit des planches de culture de 120 cm et des allées pour y accéder de 80 cm.

Puis on va greliner l'emplacement des futures planches de culture.
Greliner… du verbe « greliner », donc ?
Oui, avec une grelinette, créée par Monsieur Grelin. Pour aérer et décompacter la terre sans la retourner.
Love you my grelinette.

Ensuite on décaisse la terre des allées sur les côtés des futures planches de culture.
Puis on récupère cette terre pour former les buttes.
On casse les mottes trop compactes avec un râteau ou un croc.
terre
terre
niveau
sol jardin
planche 1
5 à 7 cm max
planche 2
30 cm max
planche 3
allée
allée
sol greliné
80 cm
120 cm
Au besoin on ajoute de la terre prélevée ailleurs sur le terrain : on vise 30 cm de hauteur.
Ah oui, une petite précision de vocabulaire : La « planche de culture » est l'emplacement où je greline pour ensuite déposer la terre des allées, c'est bien là où nous cultiverons nos légumes.
Les planches sont aussi appelées « buttes ». Il ne s'agit pas de déposer des planches en bois ou en quoi que ce soit d'autre au sol !
Il existe plein de formes de buttes : en cuvette, plates... Moi je préfère le dôme arrondi qui a plein d'avantages.
Optimise le chauffage de la terre pour la germination et la fructification
Évacue l'eau dans les allées : effet drainant
Permet de planter sur une plus grande surface
Le principe de la planche permanente est de TOUJOURS cultiver au même endroit.
Alors maintenant c'est INTERDIT de marcher sur les buttes, pour ne pas nous déranger, mes potes et moi !
Miom
mimi

Et le meilleur pour la fin, Julie.
J'ai designé mon potager en mandala pour que les planches les plus extérieures protègent celles de l'intérieur...
Wahou, c'est beau !
Quel boss ce Phiphi...

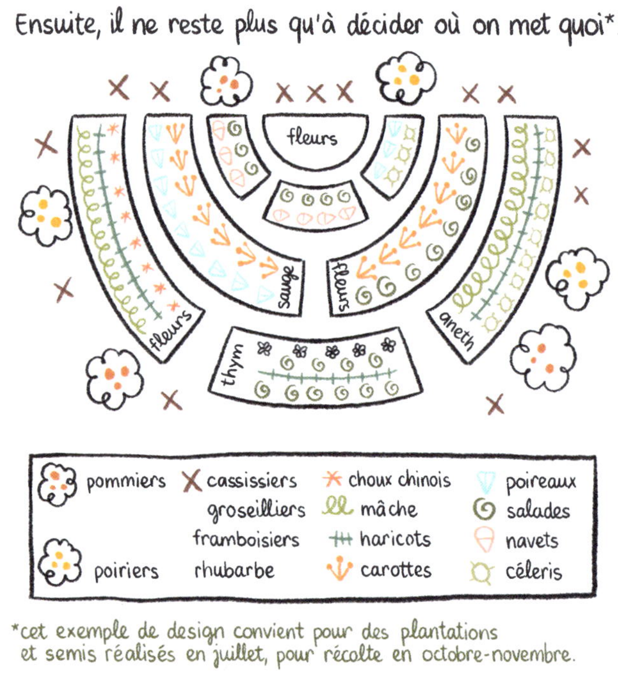
Ensuite, il ne reste plus qu'à décider où on met quoi*:
fleurs
fleurs
sauge
fleurs
aneth
thym
pommiers
poiriers
cassissiers
groseilliers
framboisiers
rhubarbe
choux chinois
mâche
haricots
carottes
poireaux
salades
navets
céleris
*cet exemple de design convient pour des plantations et semis réalisés en juillet, pour récolte en octobre-novembre.

Beh, tout est mélangé ?
Ah oui... je crois que si Dame Nature avait voulu que tous les végétaux soient bien rangés en ligne, elle l'aurait fait...

En général, la nature n'aime pas les lignes droites. Dans un potager classique par exemple :
EAU EAU
• soit les planches, dans le sens de la pente, favorisent l'écoulement de l'eau,
• soit les planches, contre la pente, la freinent.
Dans un mandala, les cercles optimisent les infiltrations d'eau et les plantes profitent en plus de toutes les expositions.
EAU EAU

À l'extérieur du mandala, pommiers et poiriers coupent les vents et promettent un peu d'ombre au cœur de l'été.
À leurs pieds, les fruits rouges vivaces fortifient la bordure du potager pour réduire l'enherbement des adventices.
Les plantes les plus hautes sont à l'extérieur du mandala pour protéger les plus petites et fragiles au centre.
Çà et là, en bout de planche de culture, on répartit des aromatiques.
menthe
aneth
sauge
thym
Et on met aussi des fleurs qui sont des repères visuels pour structurer le potager et donner un peu d'ordre au chaos apparent de la répartition de végétaux.
Bon, et les fleurs sont aussi là pour les pollinisateurs...
mais surtout pour toi, Julie !
Mais quel beau gosse ce Phiphi...
Rhololo !!

Nous voici à l'étape tant attendue de l'installation, avec cette fameuse question : par où commence-t-on? La toute première marche est sans nul doute celle de « designer » (ce verbe est issu du mot « design »... oui, oui, un joli anglicisme) son jardin. Pour cela, on s'attelle à la question du zonage.

Le zonage consiste à découper son jardin en fonction de son taux de fréquentation et de son besoin d'entretien. Les endroits qui nécessitent le plus de visites et de travail doivent être les plus proches de la maison.
Zone 0 : maison.
Zone 1 : plantes aromatiques, potager, poulailler, serre, réserve d'eau pluviale, atelier...
Zone 2 : baies et petits fruitiers (groseilliers, cassissiers, framboisiers...), petit bassin.
Zone 3 : grands fruitiers, grandes mares, céréales, pommes de terre, maïs, haies...
Zone 4 : arbres pour le bois de chauffe, lieu de récolte des champignons, surfaces pâturées et boisées.

Zone 5 : zone sauvage, forêt, tourbière, marais... réserve de biodiversité.
Dans un petit jardin de ville, les zones 3, 4 et 5 sont évidemment très réduites. Néanmoins il est important de les placer, aussi petites soient-elles!

Appliquer ensuite une méthode pour structurer son agencement du jardin est très précieux. On peut par exemple s'appuyer sur l'acronyme « OBRÉDIM* ».

O comme Observer

En permaculture, on ne le répétera jamais assez, prendre le temps de découvrir son terrain et de l'étudier est fondamental. Climat, microclimats, pentes, vents, orientation... certains recommandent d'examiner sa parcelle une année entière avant d'y faire quoi que ce soit, après avoir pris des notes et des photos à chaque saison, et ainsi appréhendé au mieux les forces et les faiblesses des différents sites du jardin.

B comme Bordures

Il faut entendre dans « bordures » le mot « limites » au sens large. Regarder les limites de son terrain commence donc par l'observation de ses haies, mais aussi de ce qui se passe chez les voisins : quels arbres, cultures et essences ont-ils sur leur parcelle? Considérer les bordures, c'est aussi envisager son projet sur les plans financier, matériel et humain.

R comme Ressources

Évaluer tout ce que nous offre notre terrain est un exercice d'autant plus intéressant qu'en permaculture, on considère qu'un élément peut produire plusieurs ressources. Par exemple, un pommier fournit des pommes mais aussi des fleurs au printemps (nourriture pour les pollinisateurs), du bois de chauffe, de l'ombre, de l'humus, des feuilles pour le paillage à l'automne...

É comme Évaluation

On détermine ensuite la hiérarchie de ses priorités au jardin. Est-ce que notre terrain a une vocation alimentaire? décorative? de loisir? S'intéresser ici à la façon dont notre parcelle peut s'autosuffire est intéressant : de quelle quantité d'eau avons-nous besoin pour arroser notre futur potager? La récupération d'eau de pluie et la mare au fond du terrain seront-elles suffisantes?

D comme Design

Il s'agit ici de dessiner le plan de notre terrain. Où mettre quoi, comment agencer les éléments, comment créer des interactions et faciliter la circulation...

I comme Implantation

La mise en œuvre de notre plan a elle aussi son lot de questions : planifier un échéancier, appréhender ce qui nécessite du matériel à louer, ce qui peut être fait par nous-mêmes, ce qu'il faut faire faire et par qui...

M comme Maintenance

Nettoyer le poulailler, entretenir les haies, assurer le suivi des plantations, les récoltes, la taille des arbres... autant de postes à anticiper bien en amont pour y consacrer le temps et l'énergie nécessaires!

Pour boucler enfin sur le mandala largement présenté par Phiphi, notons

Les outils indispensables pour créer un mandala :

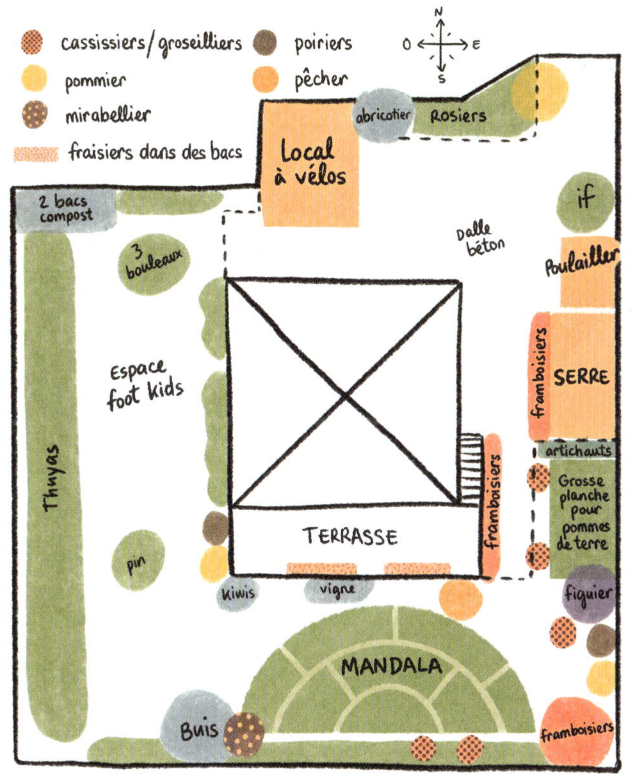

que ce design de potager est un point clé de différenciation par rapport à un potager en carrés. En effet, dans les potagers classiques, on continue de piétiner un peu partout autour des plantations en oubliant que les pas que l'on imprime dans la terre détruisent toute la microfaune du sol.

Si on se penche enfin sur le design du mandala de Philibert, on notera qu'il y met en œuvre **une notion importante de la permaculture : le travail de la verticalité des végétaux au potager**. L'objectif est triple : couper les vents, gagner de la place ou encore associer des cultures. Car oui, il est essentiel d'intégrer une grande variété de végétaux différents (fleurs et aromatiques compris) sur les planches. Ces associations favorisent en effet l'entraide entre plantes *(voir pages 91 à 95)* mais, surtout, elles écartent les prédateurs. Prenons un exemple : si une mouche de la carotte arrive dans un champ de carottes en monoculture, elle va s'y installer pour un bout de temps et rameutera toutes ses copines, ayant trouvé un resto à volonté où à peine sa carotte dégustée, elle lève le nez et tombe… sur une autre carotte. En revanche, si un oignon est planté à côté d'une carotte et tout près d'une laitue, non loin d'une fleur et d'aromatiques, la mouche de la carotte sera moins tentée de s'installer, et encore moins d'attaquer en grappe (d'autant moins d'ailleurs que la mouche de la carotte exècre l'odeur de l'oignon… mais nous verrons cela plus loin).
Une notion fondamentale à retenir est que les insectes vivent dans un monde d'odeurs et de couleurs : plus les végétaux sont nombreux et mixés, plus les repères de leurs petits prédateurs sont brouillés… et moins ceux-ci risquent d'attaquer. Ainsi, plus les végétaux sont variés dans un potager, plus ils ont de chances de s'y développer.

* Acronyme anglais : *Observation, Boundary, Resource, Evaluation, Design, Implementation, Maintenance.*

Les mains dans la terre

Bienvenue en hiver

*25 novembre au calendrier

Je parle d'arbres et d'arbustes.
Entre novembre et février, c'est le meilleur moment pour planter.
En hiver, les végétaux se concentrent sur le développement racinaire tandis que le système foliaire* est au repos.
On s'dépoile du haut pour prendre racine en bas.
*feuillage
Un arbre est bien planté quand il est...
• exposé au soleil;
• protégé des vents violents;
• dans un sol ni trop sec, ni sablonneux, ni trop humide.
Souuuuuuus le soleeeeil bleu marine et blue ébloui pareil...
Pour les arbres fruitiers greffés, il existe plusieurs tailles: en espalier, basse-tige, demi-tige et haute-tige
Chuis plus p'tit, oui, mais tu peux m'tâter l'fruit!
espalier
basse-tige
demi-tige
haute-tige
1,5 à 3m
2 à 4,5m
4 à 6m
10 à 15m
besoin de peu de place, plus vulnérable aux maladies
besoin d'espace, vigoureux et résistant, compatible avec le pâturage d'animaux
Chez le pépiniériste, on choisit des arbres en racines nues c'est-à-dire qui se sont développés en pleine terre et non en conteneur.
On favorise les arbres sans blessure d'arrachement, aux racines bien développées et ramifiées.
'Suis toute nue, sous mon pull!

Pour préparer le plant, on rafraîchit par quelques coupes les racines cassées ou meurtries.
Je fais juste les pointes, voilàààà.
COUIC!
Ensuite, hop là, le petit shampoing au pralin qui permet aux racines de se régénérer.
SPLOTCH!
La recette du pralin :
• 3 volumes d'argile
• 1 volume de bouse de vache fraîche nourrie à l'herbe ou au fourrage
• eau
Pour le trou de plantation, 40 cm de profondeur suffisent*.
Prévoir une largeur suffisante pour le chignon de racines.
*80% des racines se situent dans les 25 premiers cm du sol. Mais si la terre est pauvre, on peut faire une fosse plus grande pour ajouter du terreau
Les bonnes règles de plantation :
• Ne pas hésiter à mettre un tuteur pour éviter que l'arbre plie sous le vent.
• Orienter les branches parallèlement aux vents dominants.
• Ne pas enterrer le collet, zone de transition entre racines et tronc.
• Ne pas contrarier la forme de l'arbre : conserver son orientation nord / sud historique, ne pas essayer de le redresser s'il est tordu.
Remplir ensuite le trou de 20 cm et tasser modérément pour bien mettre les racines en contact avec la terre.
Finir de remplir avec les 20 cm restants et tasser avec le pied.
Voilà ! Vous savez tout !

Enfin tout...
je m'emballe un peu, 'faut quand même que je précise deux-trois trucs,
genre qu'est-ce qu'un arbre greffé, par exemple !
Allez, j'vous explique tout sur les fruitiers. Il en existe quatre sortes :
1. Les touffes ou cépées
Figuiers, noisetiers, cassissiers, groseilliers...
2. Les grimpants
Vigne et actinidia* : botaniquement, les lianes sont des arbres.
*Arbre à kiwis
3. Les francs de pied
Poussent à partir d'un pépin ou d'un noyau. Forts, vigoureux et... hauts.
12 à 15 m de haut
4. Les greffés
association entre deux arbres.
Greffon
Point de greffe
Porte-greffe
2 à 6 m de haut
Comme pour une greffe humaine, on prélève un organe (= une branche avec bourgeons : le greffon) qu'on fixe sur un individu receveur (racines et tronc d'un autre arbre, le porte-greffe).
En partant d'un pépin ou d'un noyau, la plante ne se développe pas avec les mêmes caractéristiques que l'arbre dont elle est issue.
Pour reproduire une variété identique à son originale, il faut la greffer.
maman pommier
bébé pommier issu d'un pépin
bébé pommier issu d'une greffe
rouges et sucrées
ressemblent aux pommes de maman, mais pas les mêmes
exactement comme maman ! Et en plus accessibles* !
*Car on a choisi un porte-greffe basse-tige pour faciliter les récoltes.

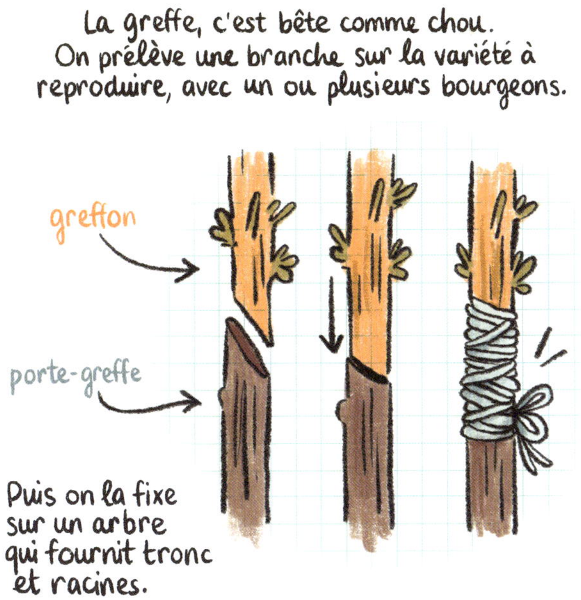
La greffe, c'est bête comme chou.
On prélève une branche sur la variété à reproduire, avec un ou plusieurs bourgeons.
greffon
porte-greffe
Puis on la fixe sur un arbre qui fournit tronc et racines.

L'écorce intérieure, le cambium, est composée de cellules indifférenciées.
C'est parce que ces cellules ne sont pas spécialisées* qu'on peut pratiquer le greffage.
cambium
La greffe prend en mettant en contact les cambiums du porte-greffe et du greffon.
bois
écorce
*Chez l'humain : une cellule de l'œil reste spécialisée cellule de l'œil par exemple.

Un fruitier est toujours greffé sur un fruitier, mais pas toujours de la même espèce.
Un poirier est souvent greffé sur un cognassier, un pêcher sur un prunier, par exemple.
greffon = pêcher
Eh, t'as la pêche !
porte-greffe = prunier
J'compte pas pour des prunes.

On greffe toujours par famille vernaculaire*.
On peut mélanger plusieurs variétés de la même famille sur un seul arbre et ainsi avoir un même tronc de prunus qui produira cerises, quetsches et mirabelles par exemple.
*Rosacée sur rosacée, prunus sur prunus, etc.

Vous l'aurez compris, en hiver, on plante des arbres et des arbustes !

La transplantation est un acte traumatisant pour les végétaux ; c'est pour cela qu'il faut éviter de contrarier le port naturel historique et l'orientation d'un arbre au moment de le replanter. C'est ainsi qu'avait poussé l'arbre jusque-là, c'est donc ainsi qu'il s'acclimatera à son nouvel environnement !
Lorsqu'il est replanté, l'arbre change de nature de terre : il doit recréer son réseau de mycélium, se réacclimater à la microfaune, aux micro-organismes et à la biodiversité autour... Un sacré défi ! À noter enfin : plus on attend pour transplanter un arbre, plus la réimplantation est délicate pour lui.
Une petite précision aussi sur les nouvelles variétés d'arbres que l'on voit apparaître : celles-ci viennent de l'hybridation, soit le mélange de différentes génétiques. En d'autres termes, l'hybridation est une reproduction végétale avec sélection des traits génétiques recherchés. La greffe comme l'hybridation sont des phénomènes naturels qui se produisent à l'état sauvage, sous différentes formes. Ils ne sont pas du tout l'antichambre des OGM comme on peut souvent l'entendre... Ouvrez bien les yeux et vous saurez les repérer dans la nature !

En hiver, outre les plantations d'arbres, on peut aussi diviser, marcotter ou encore bouturer certaines plantes. Alors, en quoi toutes ces pratiques consistent-elles ?

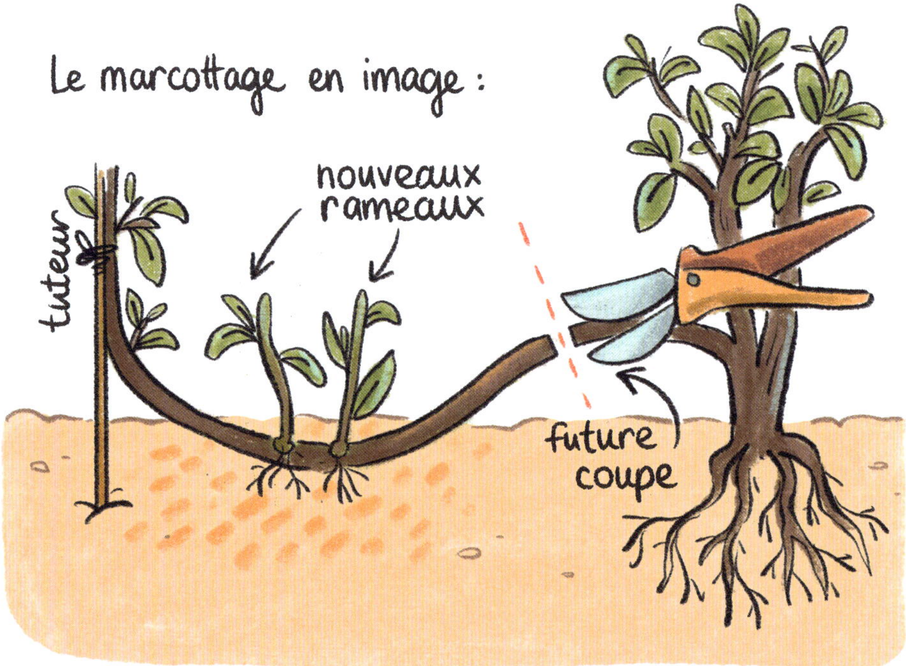

La division est une méthode de reproduction végétale que l'on observe notamment sur les oliviers, les noisetiers, les figuiers ou encore les framboisiers... Ces végétaux génèrent des rejets à leur tronc qui sont de nouveaux individus identiques. Prélever ces rejets revient à reproduire de nouvelles plantes pareilles à la plante-mère. Pour cela, on pioche des rejets avec le plus de racines possible, puis on les replante... Bête comme chou, n'est-ce pas ?
À noter : certaines plantes ne faisant pas spécifiquement de rejets sont également reproductibles par division. C'est le cas de la consoude, par exemple. On déterre une consoude, on coupe plusieurs morceaux de sa racine, et on les replante : au printemps on obtiendra autant de nouvelles plantes que de morceaux plantés !

Le principe du marcottage consiste à passer délicatement une branche de ronce, rosier, romarin... dans un pot de terreau. On maintient ensuite la branche dans la terre (à l'aide d'un caillou, par exemple) pour éviter qu'elle se relève. Au printemps, on coupe la branche reliant la plante du pot à la plante-mère et on obtient une nouvelle plante. Magique !

Le bouturage, lui, permet de reproduire une plante à partir d'un organe (morceau de rameau, feuille, racine, tige...). On le coupe pour l'enraciner, à l'inverse du marcottage, où la séparation se fait après enracinement du nouveau végétal.

PARLONS BOUTURES

Pour réaliser une bouture :
1. coupez une tige de 10-15 cm de cassissier, groseillier, ronce, etc.
2. supprimez les feuilles;
3. plantez dans un godet de terreau et arrosez;
4. placez dans la maison ou dans une serre;
5. repiquez lorsque le printemps est bien installé.

Et pour un excellent taux de réussite, réalisez une bouture à l'étouffée.
Elle est idéale lorsque l'on réalise des boutures hors saison. Le principe est tout simple.
• On prend une bouteille en plastique transparente, qu'on coupe en deux (nous aussi, on rêve d'un monde où il n'y aurait plus de plastique, mais en attendant, on peut aller se servir dans le bac jaune du voisin).
• Dans la partie inférieure de la bouteille, on met 10 cm de terreau. On arrose et on plante une bouture.
• On referme la bouteille, au besoin avec du rouleau adhésif.
• On place la bouteille dans la maison, à l'abri d'une exposition directe au soleil (pour éviter par effet de serre un trop gros coup de chaud sur la plante).
En maintenant ainsi une ambiance très humide, le taux de succès du bouturage est très bon, les racines prennent vite. Il faut néanmoins surveiller de près ses plantations pour éviter qu'une condensation excessive ne fasse ruisseler de l'eau sur les boutures et ne provoque pourrissement ou moisissure...

L'Hiver, la saison paillis et semis

Le potager sous la neige… ou quand on se promet d'étudier les essais passionnants d'Eliott Coleman pour continuer à produire des légumes même en dessous de 0 degré…

PENSE-BÊTE

✓ Tailler les arbres fruitiers, les massifs de fleurs, les haies.
✓ Pailler de feuilles, paille, broyat… le potager et ses allées, ainsi que les massifs de fleurs.
✓ Pailler également les arbres (pour favoriser leur réseau mycorhizien). Si on manque de paille, empiler du petit bois au pied des troncs. De la terre viennent en effet des insectes qui peuvent se révéler nuisibles pour nos arbres. Les amas de bois forment de véritables labyrinthes dans lesquels des prédateurs peuvent se cacher… et ainsi nous débarrasser des parasites. Il est aussi possible de peindre les troncs à la chaux. Sur fond blanc, les petits insectes se détachent bien mieux, ce qui facilite la tâche des oiseaux !
✓ Épandre du compost, plus ou moins mûr selon notre terre *(voir page 65)*.
✓ Épandre (très raisonnablement) de la cendre (pas plus d'une poignée par mètre carré et par an). Elle enrichit la terre en potasse et en calcium.
✓ Laisser des endroits en friche – tas de bois, plantes montées en graines, tas de pierres… – pour servir d'abris à la faune.
✓ Bouturer cassissiers, cornouillers, figuiers, groseilliers, mûriers, ronces, saules, sureaux, vignes…
✓ Diviser figuiers, framboisiers, noisetiers…

Cette photo n'est pas prise dans notre petit potager de 200 m², mais l'idée est bien là : au pied de ce pommier est installé un labyrinthe qui découragera tout insecte souhaitant partir à l'assaut du tronc.

L'hiver, c'est avant tout la saison des semis au chaud. Chez nous, on adore transformer la salle de bains en jungle odorante et s'offrir une avant-première de printemps...

TO DO EN JANVIER

- Planter : ail, arbres et arbustes, fraisiers, petits buissons vivaces (framboisiers, cassissiers, groseilliers, myrtilliers, mûriers, ronces...).
- Semer au chaud près de la fenêtre : choux, laitues, mizuna (délicieux chou japonais), poireaux, roquette...
- Récolter : brocolis, laitues, mâche, poireaux...

TO DO EN FÉVRIER

- Planter : arbres et arbustes, fraisiers, lianes, petits buissons vivaces.
- Semer au chaud près de la fenêtre : aubergines, choux-raves, choux-fleurs, mizuna, pastèques, piments, poivrons, roquette.
- Semer en pleine terre : bulbilles d'oignons, carottes, choux, cresson (à la volée), échalotes, épinards, fèves, navets, petits pois, radis.
- Semer en serre froide ou châssis : brocolis, choux-fleurs, épinards, laitues, poireaux.
- Diviser : figuiers, framboisiers, noisetiers...
- Récolter : brocolis, choux cabus, épinards, laitues, mâche.

TO DO EN MARS

- Semer au chaud à la maison : aubergines, concombres, melons, pastèques, piments, poivrons, tomates...
- Semer dans une serre froide/un châssis : blettes, betteraves, capucines, choux, épinards, laitues, maïs, persil, poireaux, tournesols.
- Semer en pleine terre : fèves, laitues, navets, panais, petits pois, radis.
- Planter en pleine terre : bulbilles d'oignons, choux, ciboulette, échalotes, estragon, laitues, oseille, poireaux, rhubarbe, romarin, sauge, sarriette, thym, topinambour.

Comment planter de l'ail ?

L'ail se plante en janvier, dans une terre pas trop gorgée d'eau. On notera que l'installer dans des buttes permet de contourner ce problème.

Ensuite, rien de plus simple : on prend des gousses bio, on les enfouit dans la terre en laissant dépasser la pointe

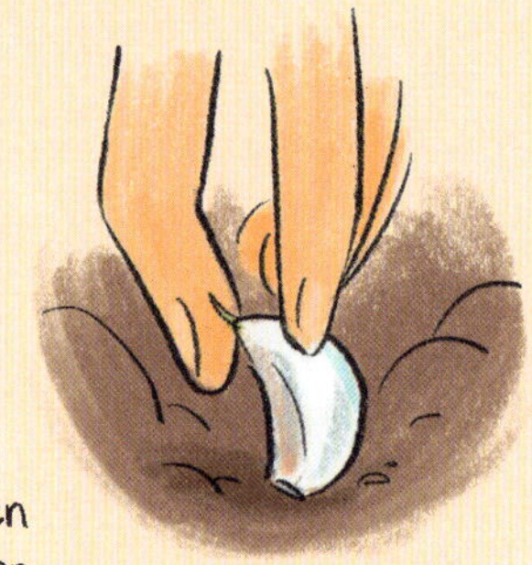

et zou, on attend patiemment que ça pousse !

Un peu de vocabulaire

Une serre froide est une serre non chauffée, tout comme un châssis (seuls les rayons du soleil y œuvrent).

On sème des graines.

On plante un végétal avec ses racines, on plante de même un bulbe ou une bulbille.

Quand on repique, on met en terre un jeune plant issu d'un semis en godet.

Un petit coup de grelinette pour la route !

À partir de la deuxième année d'installation du potager, on prévoit en février une session de décompaction* de la terre. Pour cela, on utilise la fameuse grelinette (cf. pages 73-74).

Il va sans dire que vous reculez au fur et à mesure que vous décompactez votre butte, et ne remarchez jamais jamais JAMAIS sur une zone que vous venez de décompacter. Idéalement d'ailleurs, travaillez de côté en vous plaçant dans votre allée, pour éviter définitivement de piétiner votre butte !

1. Planter la grelinette dans la butte, les manches doivent être perpendiculaires au sol et la courbure des dents vers soi.
2. Enfoncer profondément les dents dans la terre.
3. Rabattre les manches horizontalement en soulevant la terre.
4. Retirer la grelinette en faisant des mouvements de gauche à droite, sans retourner la terre.

*Manifestement le mot n'existe pas, mais on l'aura compris, on cherche à décompacter la terre, autrement dit à l'aérer.

Vive le printemps !

Euh non Philibert, je ne savais pas que tu avais trois sœ...
Ça, c'est encore une trouvaille géniale des Incas.
Le principe c'est que la culture conjointe de courges, maïs et haricots est bénéfique à la culture de chacune.
Le maïs sert de tuteur aux haricots.
Les courges étalent leur feuillage sur le sol qui forme un paillis et retient l'humidité.
Les haricots enrichissent le sol en azote, ce qui favorise la croissance des deux autres cultures.
Le rapport avec tes sœurs ?
Elles sont sœurs car elles forment une EXCELLENTE association !
Elles vivent ensemble sans se gêner.
Mieux, elles se rendent des services !
WTF ? Elles vivent ensemble en plus ?!
Pour bien associer les plantes, il y a trois étapes :
1. L'ASSOCIATION MORPHOLOGIQUE :
On met ensemble des plantes qui ont :
• un feuillage ;
• un système racinaire ;
• une période de fructification
différents.
T'as un beau port foliaire, tu sais ?
J'adore être chatouillé par ton système racinaire.

L'association morphologique permet de nourrir l'écosystème sans que les plantes ne puisent dans le sol les mêmes nutriments en même temps.
C'est exactement le contraire de ce qu'on fait dans un champ en monoculture.
Il a trois soeurs, malheur ! Dois-je me remettre sur Tinder ?
2. L'ASSOCIATION DE MUTUALISATION DES FORCES : On associe des plantes qui peuvent s'entraider.
Par exemple planter des fleurs à proximité des légumes qui ont besoin de pollinisation pour produire.
Ou des baies pour attirer les oiseaux qui viendront dévorer les limaces...
Recherche homme doux, sensible, engagé...
3. L'ASSOCIATION ALCHIMIQUE : On s'appuie sur des mécanismes qui interagissent via le réseau mycorhizien ou les micro-organismes.
Par exemple planter de l'ail au pied d'un pêcher lui évite de contracter la cloque (un champignon qui compromet la fructification).
C'est le soufre rejeté par l'ail qui éloigne cette maladie.
« Alchimique. » Il a dit « alchimique ». Il a raison. Quand c'est alchimique, c'est magique ! Exit Tinder.
Philibert, je reste, même si tu as trois sœurs.
Hein ?
Beh de quoi tu parles ?
Je suis fils unique ?

Mais si tu veux, comme tu as l'air passionnée, j'ai plein d'autres associations sous le coude à te proposer !
Euh, oui, oui, oui, mon Phiphi, raconte-moi tout !

Alors par exemple :
haricots + fraises + bourrache
Les fraises servent de couvre-sol et conservent la terre humide.
Les haricots vont libérer de l'azote* dans le sol dont raffolent les fraises.
La bourrache a des propriétés antifongiques, elle protège de la pourriture grise, éloigne les limaces et ses fleurs attirent les pollinisateurs, ce qui bénéficie aux deux autres.
*voir précisions page 96.

Pommes de terre + petits pois + capucines
On a coutume de laisser la pomme de terre en monoculture, mais placer les petits pois tout autour lui est bénéfique !
Les petits pois éloignent les doryphores, insectes qui raffolent des pommes de terre.
Les capucines attirent à elles les pucerons, protégeant les deux autres plantes d'une invasion.

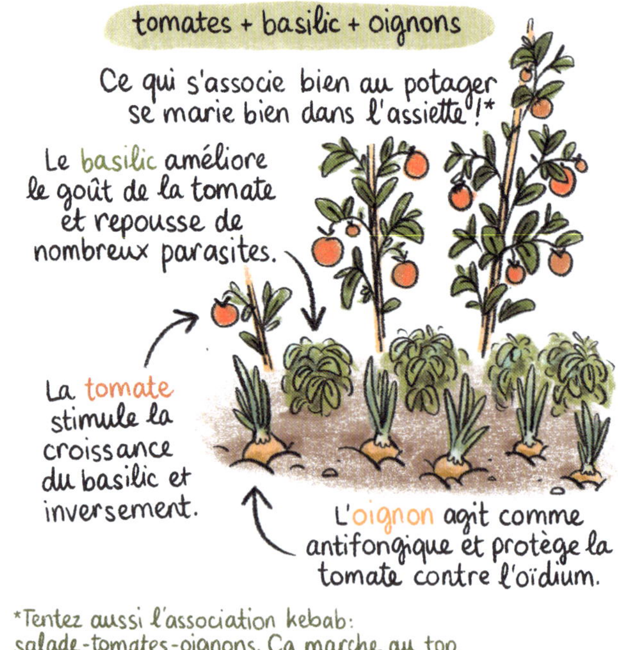
tomates + basilic + oignons
Ce qui s'associe bien au potager se marie bien dans l'assiette !*
Le basilic améliore le goût de la tomate et repousse de nombreux parasites.
La tomate stimule la croissance du basilic et inversement.
L'oignon agit comme antifongique et protège la tomate contre l'oïdium.
*Tentez aussi l'association kebab : salade-tomates-oignons. Ça marche au top.

Courgettes + ciboulette + soucis + menthe
Au bénéfice du plant de courgette, la ciboulette protège des maladies cryptogamiques,
les fleurs comme les soucis éloignent les nématodes et attirent les pollinisateurs,
la menthe protège contre l'oïdium.
Carottes + poireaux
L'odeur de la carotte repousse la teigne du poireau qui peut massacrer toute une récolte.
L'odeur du poireau repousse la mouche de la carotte qui fait de même !
Poules + arbres fruitiers
Poiriers, pommiers, cerisiers...
Les poules mangent les vers avant qu'ils grimpent aux troncs et attaquent les fruits.
Les fruits pourris au sol sont un super repas pour les poules.
Les fientes sont un excellent engrais pour les arbres.
Il y a un tas d'associations à tester. Certaines fonctionneront très bien chez vous et pas du tout chez votre voisin, et inversement.
Essayez, testez, inventez !
Et à propos d'association qui marche...
Julie, tu voudrais m'épouser ?

Les associations sont très peu référencées dans les livres, parce que les expériences sont très peu reproductibles : chacun doit essayer ce qui est le plus adapté à son terrain, et les accords écosystémiques sur lesquels les associations se créent ne sont pas toujours évidents à cerner.

Nous sommes finalement au début de ce mouvement dont nous devons encore créer le savoir, même si l'association appelée Milpa, ou « les trois sœurs » *(voir page 92)* est vieille comme le monde ou presque puisqu'elle remonte aux Incas! Basiquement, à l'heure de se pencher sur les alliances végétales, retenons tout de même quelques principes.

En premier lieu, tout bon écosystème repose sur une bonne association de végétaux, c'est l'essence même de la permaculture.

L'objectif principal des associations de plantes est qu'elles vivent ensemble sans se gêner. Ensuite les végétaux peuvent commencer à se rendre des services écosystémiques.

Philibert parle de trois étapes clés à l'heure de mettre en place les associations végétales, et pour être tout à fait honnête, celles-ci vont crescendo en termes de difficulté.
L'étape numéro 1, celle de l'association morphologique, ne demande que de l'observation et très peu de connaissances. Bonne nouvelle… c'est aussi, de loin, l'étape la plus importante, on va donc se concentrer sur elle!
On pourrait résumer l'association morphologique et temporelle en une phrase : « Les plantes ne se gênent pas. »
On les marie donc des intuitivement, selon leurs formes, en observant leurs différences de ports foliaires et de systèmes racinaires. On associe également des plantes qui connaissent des périodes de floraison et de fructification différentes. Cela permet de nourrir l'écosystème constamment, sans que les végétaux puisent les mêmes nutriments dans le sol au même moment. L'association se doit, à ce titre, d'évoluer avec le cycle végétatif des plantes. À tout cela, on ajoute idéalement la mise en place de strates végétales avec l'installation de vivaces *(à ce propos, voir le chapitre sur la forêt comestible pages 149-151).*

À l'heure de marier les plantes entre elles, on peut avoir une certaine appréhension. Et si nous faisions mal? Rassurons-nous alors et partons humblement du principe que toute plante est compagne pour une autre (et même plusieurs autres), et surtout que l'alchimie des accords écosystémiques nous dépasse largement… Les fleurs, par leur couleur, indiquent de la nourriture pour la chaîne alimentaire. Les baies des buissons nourrissent les oiseaux. Une lisière de bois incite les oiseaux à se rapprocher du sol. La matière fraîche en décomposition charme des décomposeurs qui concurrencent les limaces. Les plantes aromatiques attirent une multitude d'êtres vivants. Finalement, il y a tellement d'accords possibles que la meilleure solution est sans nul doute d'enrichir un maximum la biodiversité de son terrain. En définitive, plus on complexifiera notre écosystème, moins on comprendra ce qu'on a provoqué… mais mieux ça marchera!
En résumé, lançons-nous, la nature suivra. Sachant d'autant plus qu'elle n'a pas vraiment besoin de nous!

UN BON EXEMPLE D'ACCORD ÉCOSYSTÉMIQUE SUR LE LONG TERME : LES FRAISES ET LES HARICOTS

Une notion de temporalité très importante entre en ligne de compte dans l'association haricots/fraises.

Les haricots, en effet, captent l'azote atmosphérique et le mobilisent/le stockent jusqu'à la fin de leur cycle. Ce n'est qu'à ce moment-là qu'ils le libèrent et le rendent disponible pour les autres plantes. Dans le cas des fraises, au final, l'azote sera dispo assez tard dans la saison, ce qui est intéressant pour les variétés remontantes, qui produisent leurs fruits tardivement. Quant aux variétés non remontantes, cela sera bénéfique en année 2 : les fraises sont en effet vivaces sous nos climats et se reproduisent par leur stolon d'une année sur l'autre.

Et pour ceux qui n'ont pas de terrain pour tester les associations, on peut tenter la palette sur le balcon !

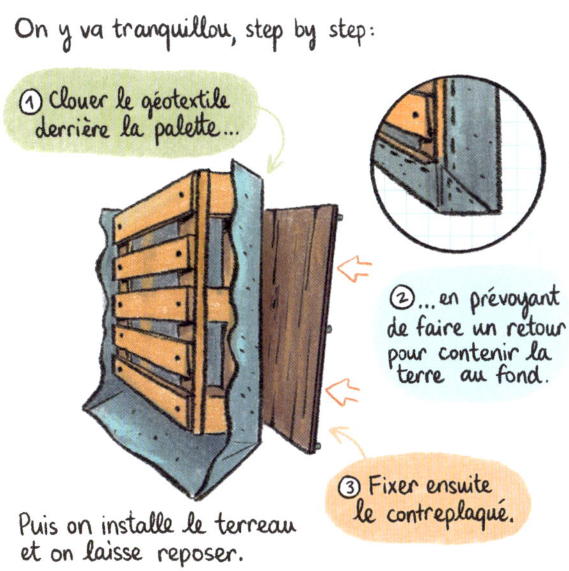

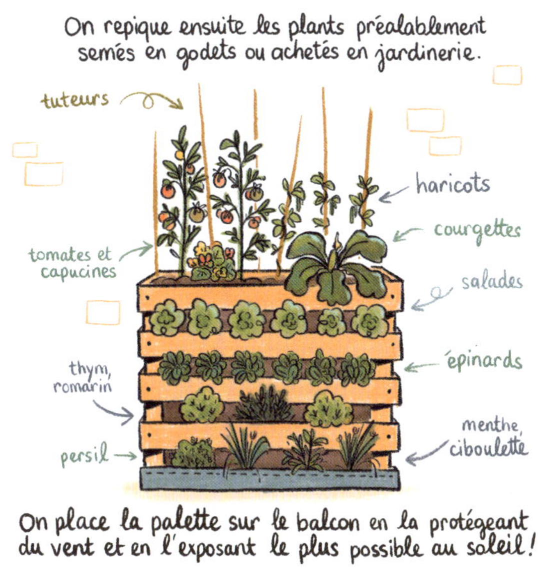

Il y a d'autre part, au printemps, deux cultures incontournables dont on parle toujours, celle de la tomate et celle de la patate. On vous en dit un peu plus ci-après, car cela vaut (vraiment) la peine de cultiver les siennes, même quand on a peu d'espace !

D'abord, la patate.
Rappel sur son cycle de vie :

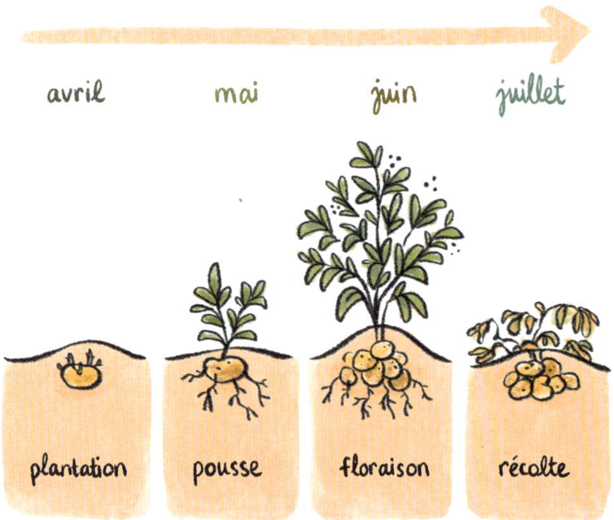

Rappel n°2 : la culture des pommes de terre repose sur le buttage.

Il vous faut :

* leur perméabilité est idéale pour gérer les écoulements d'eau d'arrosage. À défaut, on peut prendre un grand sac-poubelle très épais en le perçant de petits trous au fond.

En mars, on fait germer des pommes de terre
sous abri,
à la lumière,
à une température de 7 à 10 degrés.
On les étale dans une cagette ou des boîtes d'œufs : le but est de ne pas les superposer.
Ensuite, dès avril, on érige la tour sur le balcon le plus au soleil possible.
On installe 10 à 15 cm d'un mélange de terreau et de compost au fond du sac roulé.
On dépose dessus 3 pommes de terre germées.
On recouvre de 5 à 6 cm de terreau et compost.
On arrose abondamment.
Quand les feuilles sont sorties, on déroule un peu le sac, on en perce les côtés et on fait sortir les feuilles.
Puis on ajoute compost et terre,
on dispose les récipients pour maintenir de l'eau partout dans la tour,
et on plante à nouveau 3 pommes de terre germées, comme dans la case précédente.
Quand les feuilles sont sorties, on reproduit l'opération pour un étage de plus...
Puis on attend, en arrosant régulièrement, que le feuillage jaunisse.
On récolte alors !
Pour ceux qui ont un grand balcon, n'hésitez pas à multiplier les tours !

Et pour les tomates... pas de « to do » particulière, un tas de livres et de sites expliquent parfaitement comment s'y prendre, mais on a juste une 'tite histoire à vous raconter.
Il était une fois une tomate française tranquillou dans sa serre.
Car oui, soyons clairs, à la fin du printemps, en France, il n'y a AUCUNE tomate plantée en plein champ.
On aurait bien trop froid pour pousser, hé !
On vient cueillir notre tomate. On la met dans un camion, toute verte et bien dure pour qu'elle ne se change pas en coulis au premier virage.
Les gars, y en a une qui craque, là, on baigne dans le jus !
Ensuite, le temps passe et la tomate rougit. Question : Qu'est-ce qui fait rougir les tomates ?
☐ a) Le stress : elle déprime loin de sa serre.
☐ b) La maturité : elle mûrit tranquillou en prenant du sucre.
☐ c) La sénescence : elle perd sucres, vitamines et nutriments.
Y a aussi l'option ⓓ : le maraîcher nous fait mater des films de pandas olé olé.

Bad news, c'est la ©: une fois décrochée de son plant, la tomate rougit sous l'action de l'éthylène.
Elle perd son énergie vitesse grand V et beaucoup de ses calories.
T'as pas une feuille ?
Faut que j'me sucre un peu...
Alors avant d'acheter des tomates, sachons qu'il vaut mieux :
privilégier le local pour favoriser les circuits courts,
prendre les plus petites en début de saison...
...ou, encore mieux, en consommer plutôt au cœur de l'été.
... on essaie de choisir les variétés moins connues :
plus une variété est demandée, plus sa prod' risque d'être industrialisée...
Et puis on ne la fait pas trop attendre dans son réfrigérateur : la période pendant laquelle un légume garde une qualité optimum est éphémère !
Ça donne envie de fabriquer nos petites tomates nous-mêmes tout ça, mmh ?

Le printemps, la saison du grand ménage

PENSE-BÊTE

✓ Si ce n'a pas été fait en février, ne pas hésiter à décompacter la terre en tout début de printemps avec une grelinette.
✓ Incorporer au sol ou déposer en surface les engrais verts semés à l'automne.
✓ Nettoyer les plantes vivaces (artichauts, fraisiers, rhubarbes, ronces domestiques...) qui sont restées en place tout l'hiver et qui vont repartir au printemps comme chaque année.

Et donc :
1. arracher les adventices qui pourraient étouffer les pieds des végétaux;
2. supprimer les feuilles et les branches mortes datant de l'année précédente;
3. pailler proprement les pieds, idéalement avec de la tonte d'herbe (pour l'azote dont raffolent les végétaux au printemps);
4. Attacher les grimpantes (framboisiers, ronces domestiques) pour les contenir dans un espace défini et, au besoin, arracher les rejets envahissants;

✓ Retirer le paillis afin que la terre se réchauffe. Toutefois, cela expose la terre au vent et au lessivage des pluies, et cela chasse la vie du sol... Pourquoi ne pas retirer partiellement les couvertures, mais en garder la majorité protégée? À expérimenter en fonction de son terrain !

Au printemps, on croit encore qu'on peut conserver un semblant d'ordre au potager... mais la nature nous contredit vite!

C'EST QUOI, LES SAINTS DE GLACE?

11 mai : saint Mamert • 12 mai : saint Pancrace • 13 mai : saint Servais

À la mi-mai, on tombe le haut au potager : depuis le Moyen Âge, les jardiniers attendent les saints de glace pour repiquer dehors les plantes qui craignent les gelées... soit toutes les plantes déplacées de leur milieu naturel : tomates, aubergines, concombres, poivrons, courgettes, maïs... Nous devons en effet beaucoup de notre alimentation actuelle aux Incas d'Amérique du Sud, or dans la forêt tropicale, il fait plus chaud que sous nos climats...
À noter, **toutes les plantes sont vivaces dans leur milieu naturel**, c'est-à-dire qu'elles se ressèment ou restent en place chaque année sans que l'homme n'ait à les replanter.
Dans notre environnement naturel français, on trouve des vivaces telles que les artichauts, chénopodes (épinards), carottes sauvages, cassissiers, fraisiers, framboisiers, orties, pissenlits, rhubarbe, topinambours et plein de légumes qu'on ne mange plus aujourd'hui.
On retient en résumé qu'une plante vivace refleurit chaque année grâce à un bulbe ou un rhizome conservé dans le sol, tandis qu'une plante annuelle, délocalisée de son milieu d'origine, meurt en fin de saison de floraison et doit être ressemée.

TO DO EN AVRIL

- Semer en serre froide : basilic, capucines, choux-raves, concombres, courges, courgettes, maïs, melons, pastèques, persil, tournesols...
- Faire germer des patates douces en serre ensoleillée ou à la maison.
- Semer en pleine terre : aneth, cresson, fèves, haricots mange-tout, haricots-nains, laitues, navets, mizuna japonais, panais, petits pois, poireaux, radis, roquette.
- Semer et planter en pleine terre : betteraves, blettes, carottes, choux, choux-fleurs, ciboulette, concombres, coriandre, épinards, laitues, maïs, persil, poireaux, pommes de terre, radis, rhubarbe, sauge...
- Récolter : aneth, carottes, choux cabus, épinards, laitues, radis.

TO DO EN MAI

- Semer en serre froide : ail des ours, amaranthes, basilic, concombres, courges, courgettes, melons, rhubarbe, thym...

Les courges coureuses et courgettes raffolent du compost peu décomposé. Il est donc tout à fait possible de semer des graines directement dans le bac à compost dans 3 cm de terreau pour récolter de magnifiques légumes à l'automne.

- Planter - repiquer - en pleine terre après les saints de glace : aubergines, choux-raves, ciboulette, concombres, courges et courgettes, piments, poivrons, tomates...
- Semer en pleine terre : aneth, betteraves, carottes, cresson, endives, haricots mange-tout et nains, laitues, maïs, oignons, persil, poireaux, poirées (blettes), radis, roquettes, sauge...
- Récolter : aneth, carottes, choux-fleurs, épinards, laitues, radis.

TO DO EN JUIN

- Semer en pleine terre : amaranthes, basilic, betteraves, carottes, chicorées, choux, choux cabus, choux-fleurs, choux-raves, ciboulette, cresson, haricots, laitues, maïs, mizuna, oignons, persil, poirées, radis, roquettes.
- Repiquer tout ce qu'on a encore sous le coude en godets !
- Bouturer : romarin et sauge.
- Récolter : aneth, betteraves, carottes, choux-raves, choux-fleurs, épinards, haricots mange-tout et nains, laitues, poireaux, radis.

Cultiver des patates douces

Si vous êtes dans une région où les étés sont généralement beaux et chauds jusqu'en septembre, vous pouvez sans doute tenter de planter des patates douces.

Pour cela, coupez-en quelques-unes en 2 ou 3 morceaux en fonction de leur taille initiale, et plantez-les dans des godets de terreau. Gardez-les au chaud, en maintenant bien la terre humide, jusqu'en juin. Vous pourrez alors les repiquer en pleine terre.

Un peu de vocabulaire

Semer en poquets revient à semer plusieurs graines (3 à 5) dans le même trou. On est ainsi assuré d'obtenir des plants régulièrement espacés, même si toutes les graines ne germent pas ! On réalise ce type de semis pour les courges, pois de senteur, haricots, capucines...

Le semis à la volée revient à jeter régulièrement des graines à la main, de la façon la plus uniforme possible. On utilise ce type de semis pour le gazon par exemple.

Semer en pleine terre

1. Écarter le paillis.

2. Tracer un sillon de la profondeur indiquée sur votre sachet de graines, à l'aide d'un râteau ou d'une pelle à main.

3. Déposer les semences en respectant l'écartement recommandé sur votre paquet.

4. Recouvrir de terre.

5. Tasser légèrement à l'aide de votre râteau retourné.

6. Arroser généreusement avec la pluie de l'arrosoir.

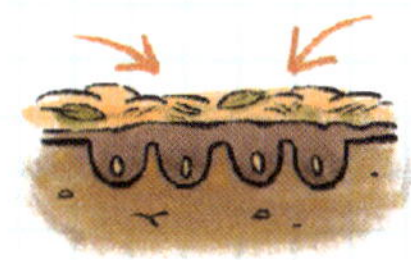

7. Replacer 1 cm de paillage, pas plus.

Jusqu'à la germination, on s'assure que la terre reste bien humide (mais pas détrempée, hein).

Planter en pleine terre

Pour planter (ou repiquer) un végétal en pleine terre, on suit les étapes suivantes.

Découper autour du plan à l'aide d'une fourchette pour ne pas abîmer les racines.

Attraper délicatement le plant et démêler les racines pour faciliter leur réimplantation.

Creuser un trou à l'aide d'un plantoir ou d'une pelle à main.

Placer le plant dans le trou.

Refermer le trou, tasser légèrement la terre autour du plant et l'arroser.

C'est tellement bon, l'été !

Oui, bon bah c'est ça.
Voilà le temps du bonheur d'après mon permaculteur.
Mais ma Juju, nous, les humains, et notre bonne vieille Terre, sommes faits à 80% d'eau : l'eau, c'est la vie !
Aujourd'hui en France, les écarts entre deux pluies, surtout en saison estivale, se creusent.
Bonne nouvelle néanmoins : les études* montrent que le taux de pluviométrie annuel reste globalement stable.
Il y a donc deux points à creuser :
Comment stocker l'eau ?
Comment réduire nos besoins ?
*Source : moyenne de référence 1981-2010 Météo France.
1. Comment stocker l'eau
Après évaluation de ses besoins, plusieurs moyens pour stocker l'eau de pluie :
Les cuves en béton enterrées
Le béton désacidifie l'eau ce qui permet notre propre conso.
Les cuves extérieures
Même si, dans les cuves transparentes, l'eau verdit du fait de l'apparition d'algues, elle est excellente pour l'arrosage !
Les cuves ouvertes
À placer aux 4 coins du jardin, pour remplir les arrosoirs ! *
Les mares écologiques
De formidables réservoirs de biodiversité.
Les baissières
infiltration
Une baissière forme un creux puis une bosse de terre : en aval les plantes bénéficient de beaucoup d'eau !
* Mais loin de la maison et des voisins car peuvent favoriser la prolifération de moustiques.

2. Réduire ses besoins
Qu'est-ce qui assèche la terre, mmh ? Le soleil... mais aussi le vent.
Éviter que le vent s'engouffre sur le terrain réduit ainsi notre consommation d'eau.
Pour cela, une clé : installer des haies brise-vent de part et d'autre de notre jardin.

Une haie brise-vent coupe le vent en longueur sur 10 à 15 fois sa hauteur :
1 haie de 10 m de haut fait ainsi tomber le vent 100 à 150 m plus loin.
Les haies évacuent d'autre part de l'eau par évaporation dans l'air : c'est autant de rafraîchissement de gagné pour le reste du jardin...

Il y a plein d'autres techniques pour réduire nos consommations :
Rehausser l'effet éponge du sol en augmentant son taux de matière organique (paille, bois, BRF*).
Pailler, pailler et pailler.
Arroser le soir plutôt que le matin.
Bien arroser à la plantation.
Choisir des variétés de végétaux qui n'ont pas de trop gros besoins d'eau.
* Bois raméal fragmenté

Allez, cherry on the cake, une astuce pour les semis comme les carottes qui ont besoin d'être arrosés 2 fois par jour avant leur montée :
CAROTTES
Tant que les graines n'ont pas germé, déposer une toile de jute mouillée sur la terre : cela conservera l'humidité et la chaleur tout en les protégeant du vent !

Pour stocker l'eau, de nombreuses possibilités s'offrent à nous, à associer toutefois à des efforts de réduction de notre consommation.

L'eau stockée dans des cuves transparentes extérieures a souvent été boudée ou critiquée parce qu'elle verdit à cause des algues. Cependant, même si ces dernières rendent l'eau impropre à la consommation, beaucoup de jardiniers se sont aperçus qu'une fois épandues avec l'eau d'arrosage, ces algues constituent en mourant une matière organique très bénéfique aux plantes… on ne se lasse pas de le dire, on le répète encore une fois pour la route : la nature est bien faite quand même, mmh?

Avec l'évaporation, les cuves, les mares ou encore les baissières perdent en moyenne, 2 à 3 cm d'eau par jour en période estivale… Une solution est d'utiliser des oyas : des jarres en argile ou en céramique microporeuse dotées de couvercles pour éviter l'évaporation de l'eau. Enterrées ou « plantées » dans le sol, elles permettent une diffusion lente de l'eau par capillarité dans la terre. Et cette technique d'irrigation ne date pas d'hier : elle était utilisée dans la Chine antique!

Concernant les cuves ouvertes, Philibert précise de prendre garde à ne pas les placer trop près des habitations (la nôtre et celles de nos voisins, bien sûr). Les eaux qui stagnent à l'air libre favorisent en effet la prolifération des larves de ces délicieux petits insectes dont nous raffolons tous… les moustiques. Cela dit, rien n'empêche d'intégrer des poissons dans nos cuves! Ceux-ci se feront un plaisir de manger la progéniture de ces indésirables.

Et puisque nous parlons poissons, la transition vers le sujet suivant est toute faite : la mare.
Autrefois, on en voyait partout en France. Elles servaient au bétail comme aux êtres humains et accueillaient une formidable diversité de faune et de flore. Mais lorsque l'eau a été disponible pour tous au robinet, les mares sont tombées en désuétude.
Les communales ont alors été soit supprimées, soit bétonnées tout autour (ce qui n'a pas été très bénéfique à leur faune et leur flore); quant aux mares appartenant à des particuliers, la plupart de leurs propriétaires les ont fait boucher, essentiellement pour éviter des noyades ou éloigner les moustiques. On estime que depuis 1950, pas loin de 50 % des mares françaises ont disparu! Et pourtant… De nombreux scientifiques et biologistes se sont penchés sur l'écosystème de la mare et ont révélé qu'elle est un élément extrêmement précieux au jardin, un véritable patrimoine écologique et un réservoir de biodiversité.

Prenons pour finir un exemple assez effrayant, celui des grosses flaques d'eau que l'on peut observer dans un champ en monoculture après une pluie très abondante, illustration désolante d'un sol incapable d'absorber l'eau du ciel.
Rappelons-nous alors que plus notre terre sera colonisée par les micro-organismes, aérée, riche en humus, vivante, non tassée, plus elle sera en mesure d'absorber et de stocker l'eau pour ensuite la redistribuer aux végétaux de notre terrain. Déployons alors toute notre énergie pour améliorer notre lopin de terre, car :
• l'eau constitue 80 à 90 % de nos légumes;
• la capacité de rétention d'eau d'un sol varie entre 10 et 100 litres au mètre carré : 10 litres, c'est la capacité au mètre carré d'un sol labouré en agriculture traditionnelle; 100 litres, c'est la capacité au mètre carré d'un sol de forêt tropicale. Un bel objectif à atteindre pour notre terrain!

AVERTISSEMENT IMPORTANT CONCERNANT LES MARES

Qui est déjà allé déposer peinard Bubulle le poisson rouge ou encore Ninja la tortue de Floride dans la mare du coin plutôt que de l'emporter en vacances dans ses valises?
Sachez que la plupart des populations de tritons et certaines libellules disparaissent aujourd'hui des mares françaises du fait de l'introduction de poissons rouges, de poissons à pêcher ou de tortues de Floride devenues trop grosses pour l'aquarium : tout cet exotique petit monde se délecte en effet des œufs et larves de ces amphibiens et insectes! Qui aurait pensé que l'érosion de la diversité pouvait aussi provenir en partie des meilleures intentions du monde?

La mare :
est un point d'eau pour arroser le jardin et désaltérer la faune.
Crée un microclimat : en se réverbérant sur l'eau, le soleil augmente la température alentour.
Attire une faune rare et diversifiée : amphibiens, insectes...
Facilite la régulation des indésirables : le crapaud se nourrit de limaces, par exemple.
Développe une nouvelle flore très précieuse.

Quand on parle de nouvelle faune à venir dans le jardin, voici un petit inventaire (non exhaustif) de fabuleuses rencontres à faire au bord de la mare...
Limnée : brouteuse de fond de mare
Grenouille : exterminatrice de limaces
Argyronète : seule araignée véritablement aquatique
Gerris : gracieux patineur d'eau
Libellule : serial killeuse de la pyrale du chou
Aselle : inlassable fossoyeur, véritable filtre de la mare

Et du côté de la flore... Y a de quoi faire aussi !
Roseau : habitat typique des oiseaux, libellules...
Lentille d'eau : source d'énergie verte, dépollueuse
Menthe : remarquable plante médicinale
Salicaire : comestible et excellente médicinale
Massette : idéale pour la phytoépuration !
Iris des marais : indigène typique de nos mares !
Sagittaire : formidable épuratrice d'eau, oxygénante et déphosphatante
Jonc des marais : très utilisé en médecine chinoise

En été, le deuxième point clé au jardin, en plus de l'eau, ce sont les graines : On commence à récolter dès que possible ! Quelques infos sur elles, alors.
Pour qu'un végétal produise des graines, il faut que pistil et pollen se rencontrent afin qu'il y ait fécondation.
Tu m'échanges un peu de pollen ?
Bien sûr ma p'tite fleur, nos p'tites graines vont être de la dynamite !
La plupart des fleurs peuvent s'autopolliniser, mais la pollinisation de plants croisés apporte de la diversité génétique.
La multiplication des végétaux par les graines est dépendante de leur écosystème.
Sans vecteur de pollinisation (vent, insectes), pas de fécondation.
Envie de rien, besoin de vouuuus !
Penchons-nous sur ces fameuses graines à présent.
Elles remplissent plusieurs fonctions :
① la nutrition de l'embryon de plante qu'elles contiennent.
② la dispersion vers un nouvel emplacement.
③ la dormance en attendant des conditions favorables.
1. NUTRITION DE L'EMBRYON :
Les graines contiennent un embryon vivant. Elles doivent être conservées au frais et au sec pour ne pas perdre leurs qualités germinatives.
RECORDS
Graine de marronnier : quelques heures pour germer
Graine de palmier-dattier : peut patienter 2000 ans avant de germer
Graine de cocotier de mer : 20 kg
1
2
3

2. DISPERSION VERS UN NOUVEL EMPLACEMENT :
Dans des poches humaines,
sur des poils,
dans des estomacs d'animaux,
par le vent ou les insectes,
Vers l'infini et au-delààààà !
la graine «utilise» les membres de son écosystème pour coloniser de nouveaux espaces ou fuir des milieux hostiles à sa germination.
3. DORMANCE
La majorité des graines passent par une période de repos durant laquelle leur pouvoir germinatif est inhibé. Il y a plein de facteurs de levée de dormance. Par exemple...
• Le froid : la dormance empêche les graines d'éclore en plein hiver et la plante de mourir. Elles germent au redoux.
Glaglagla Jamais je sors une tige, là !
• Le chant des oiseaux : certaines graines ne lèvent leur dormance qu'au printemps, stimulées par la vibration du son des piafs.
Cui
Cui
Cui
Cui
Zzz
Beh alors, les oiseaux chantent, qu'est-ce tu fous ?
Ah non, moi j'attends une pelle du prince charmant.
• De très hautes températures : d'autres graines ne germent qu'après un incendie, leurs plantes sont les premières à recoloniser un territoire.
Les gars, 'faut y aller, on est les seuls survivants, on se sort les doigts du short, là !

L'été, la saison de l'abondance

L'été n'est qu'émerveillement pour la tête, le nez, les yeux. Partout ça bourdonne, ça embaume, ça grouille de vie !

PENSE-BÊTE

✓ Pailler, pailler et… pailler encore.

✓ Attacher les plantes (tomates, courges…) pour limiter les attaques de certaines maladies cryptogamiques et gagner de la place au sol.

✓ Réaliser les boutures de kiwis, figuiers, ou plantes à feuillage persistant : éléagnus, arbousier ou goyavier du Brésil, qui sont d'excellentes plantes de haies aux fruits méconnus pourtant délicieux. Même si beaucoup de végétaux se bouturent plutôt en hiver, quand leurs feuilles sont tombées, pratiquer les boutures en août promet bien souvent un meilleur taux de réussite car le bois des végétaux n'est alors pas encore trop dur.

✓ Laisser les plantes et herbes sèches en place : leurs graines nourrissent les oiseaux, elles servent de refuge aux insectes (capable de réguler les populations dites de nuisibles) et assurent une belle biodiversité au jardin.

✓ Planter dans les trous ! C'est le moment de caser tous les contenus de nos petits pots au potager. Un chou ou une laitue au pied d'un plant de tomates, par exemple.

✓ Planter les fruits rouges sous les arbres : leur milieu naturel étant les sous-bois, ils s'y trouvent généralement très bien (attention à ce qu'ils bénéficient d'un peu de luminosité tout de même !).

POURQUOI ON ÉVITE LES SACHETS DE GRAINES F1

Dans la nature, il apparaît en permanence de nouvelles variétés de **plantes hybrides** qui se croisent entre elles. Celles-ci sont reproductibles à l'identique : pour cultiver un fruit savoureux d'une année sur l'autre, on prélève ses graines qui donneront une plante avec les mêmes critères que sa plante-mère en année 2. De leur côté, les semenciers créent artificiellement des **variétés F1** en sélectionnant et croisant des critères avantageux (gros fruit, résistance aux maladies, couleur appétissante…) de leurs plantes-mères. En revanche, la variété F1 n'est pas stable : en année 2, des fruits médiocres avec des caractéristiques non désirées peuvent ressortir. Ces variétés sont, en outre, une négation de la biodiversité puisqu'elles forcent les croisements… Chez nous, on préfère donner les clés du camion à la nature, qui fait ses preuves depuis la nuit des temps.

TO DO EN JUILLET

- Semer en pleine terre : betteraves, carottes, chicorées, choux, choux-brocolis, choux-fleurs, choux-raves, cresson, épinards, haricots mange-tout, haricots nains, laitues, mâche, navets, persil, poireaux, radis, radis d'hiver (radis noir), roquette, sauge...
- Repiquer en pleine terre : choux cabus, thym.
- Récupérer les semences de laitues et tomates.
- RÉCOLTER !

TO DO EN AOÛT

- Semer en pleine terre : betteraves, carottes, choux, choux-cabus, cresson, épinards, laitues, mâche, navets, moutarde, oignons, phacélie, poireaux, radis et radis d'hiver, roquette...
- Repiquer en pleine terre choux-brocolis, choux cabus.
- Bouturer les kiwis.
- Récupérer les semences de betteraves, blettes, choux, laitues, panais, radis, roquette, tomates...
- RÉCOLTER !

TO DO EN SEPTEMBRE

- Semer au chaud : mizuna japonais, oignons
- Semer en pleine terre : choux, choux cabus, coriandre, épinards, laitues, mâche, navets, moutarde, oignons, phacélie, poireaux, radis, roquette, trèfles...
- Bouturer les kiwis.
- Récupérer les semences de betteraves, blettes, choux, laitues, panais, radis, roquette, tomates...
- RÉCOLTER !

Comment récupérer des semences ?

Pour récolter les graines de tomates par exemple – qu'il vaut la peine de cultiver soi-même, on l'a bien noté dans le chapitre précédent –, on commence par choisir son plus beau plant (celui qui a le mieux poussé et a été le plus productif dans notre potager).

On récolte quelques-uns de ses plus beaux fruits qu'on coupe dans le sens de la largeur.

On transvase les graines, enrobées de leur pulpe, dans une petite passoire très fine, on les rince à l'eau claire et on attend trois jours.

Une fois la pulpe sèche, on récupère très facilement les semences. Il ne reste plus qu'à noter leur variété, les ranger dans une enveloppe et les conserver au frais et au sec jusqu'à la saison prochaine.

À noter que les tomates s'autofécondent dans la majorité des cas, il n'y a donc pas de « risque » de mélange de pollen et de création d'une variété hybride l'année suivante qui pourrait ne pas avoir conservé les qualités de la plante-mère.

Une dernière idée d'association pour la route

Avec nos étés de plus en plus chauds, planter des légumes à l'ombre des arbres n'est pas du tout une idée farfelue.

Les légumes-feuilles, par exemple, préfèrent de loin la mi-ombre au plein cagnard.

Ainsi, blettes, laitues ou encore épinards auront bien meilleur goût si on les plante sous un fruitier.

Quant aux haricots, aux courges ou encore aux courgettes, ils peuvent utiliser le tronc et branches basses comme tuteur

De la même manière, les petits fruits rouges type framboisiers, fraisiers, cassissiers... aiment vraiment la mi-ombre. Alors on n'hésite pas à leur réserver cet emplacement, surtout si on a un petit espace de culture

Quelques tips pour les récoltes

Les courgettes

• Récoltons régulièrement les courgettes pour que le plant ne s'épuise pas ! Celles de petites tailles sont, en plus, bien meilleures que les grosses.

• Pour donner un coup de pouce à la production de fruits, on peut, à l'aide d'un pinceau bien propre et à l'image du travail des insectes pollinisateurs, déposer le pollen du pistil de fleurs mâles au cœur des fleurs femelles.

Les laitues

• Ne les arrachons pas en les récoltant : en les coupant à la base, d'autres petites laitues peuvent reprendre jusqu'à deux à trois fois sur les mêmes racines.

• Si nous souhaitons récupérer les semences, laissons les plus belles laitues monter en graine : d'abord on verra apparaître de petites fleurs jaunes, puis des petits poils blancs quand elles faneront. Au bout de ces poils se trouveront les graines à récolter !

Bonjour l'automne !

*Oui, on sait, la transition ne fait pas rêver tout le monde.

Chambre à abeilles solitaires

Star de la pollinisation, l'abeille ne vit pas toujours en essaim. Certaines sont solitaires, et on les aime particulièrement parce qu'elles sont plus velues et captent encore mieux le pollen !

Chambre à coccinelles

Superprédatrice des pucerons et des cochenilles, la coccinelle est une excellente auxiliaire au jardin ou sur un balcon fleuri.

En France, chaque habitant produit 390 kg d'ordures ménagères par an. En voici la répart' :

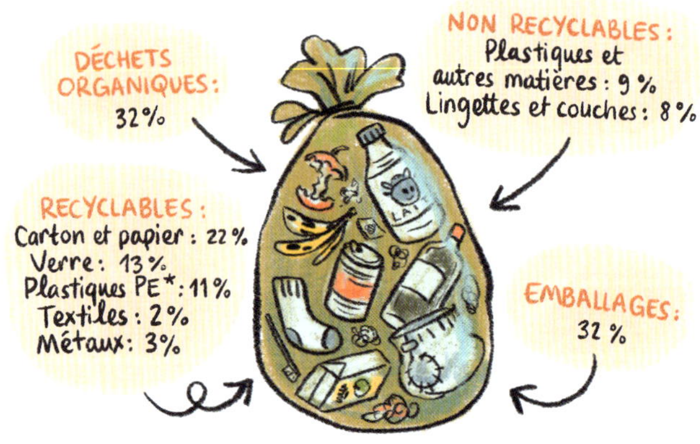

La wonder news, c'est que le lombricomposteur permet de supprimer 32 % de ces ordures (soit 125 kg par personne et par an).

*PE : polyéthylène
source : *La Famille Zéro déchet*, Jérémie Plichon et Bénédicte Moret

Le compostage transforme les déchets organiques en fertilisant pour le sol. En appartement, le lombricomposteur est idéal car il :

- prend peu de place
- n'a pas d'odeur
- est très rapide à mettre en route
- fonctionne toute l'année*

*contrairement au compost de jardin qui se ralentit fortement l'hiver.

Concrètement, un lombricomposteur c'est ça :

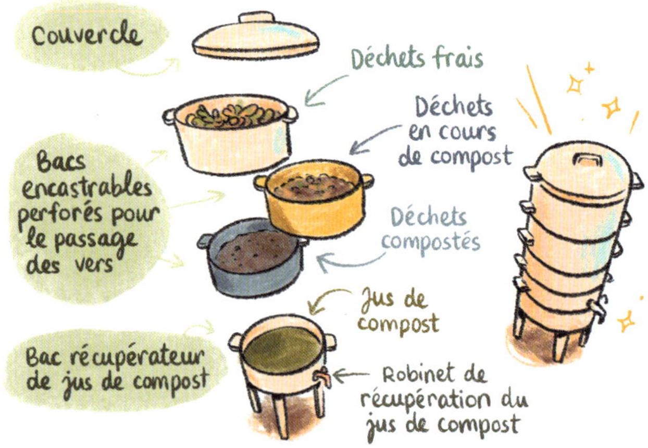

Pour initier le processus, on met dans le fond du bac bleu une litière = 5 cm de déchets verts + morceaux de carton humidifié + un peu de compost mûr. On y place ensuite les vers + quelques déchets organiques.

On dépose ensuite les déchets dans le bac jaune, en morceaux pour aider les vers à les assimiler.
épluchures de fruits et légumes
végétaux
coquilles d'oeufs broyées
marc de café
carton brut et sans encre
Pas d'ail (vermifuge), d'oignons, d'agrumes ou de protéines animales.
Au bout d'un ou deux mois de fonctionnement, on recueille le lombrithé grâce au robinet du bac inférieur, un engrais concentré liquide de grande qualité.
On le dilue au 1/10e avant de l'utiliser pour les plantes, auxquelles il fournit des nutriments à foison :
azote, calcium, potassium, phosphore, magnésium...
Mon secret beauté et vigueur mmh !
Quant au compost qu'on recueille dans les bacs au bout de 4 à 6 mois, il :
aère et enrichit la terre
facilite la pénétration et la rétention de l'eau
booste la résistance des plantes aux maladies
Le compost... c'est mon pote, hinhinhin !
Enfin pour que les vers se sentent bien, on met le lombricomposteur au calme, entre 15 et 25°C.
La cave peut être un bon endroit !
Si le lombricomposteur est sur le balcon, on le place à l'abri de la pluie et on ajoute une couverture au-dessus s'il gèle.
Déso, on mange l'équivalent de notre poids en 24 heures, mais on n'sait pas encore nager.

Pour des raisons esthétiques, on a souvent tendance à supprimer au jardin les lieux dans lesquels les insectes aiment à s'installer pour se reproduire : végétaux morts, plantes montées en graines, empilements de branches, tas de cailloux (ces milieux minéraux sont pourtant géniaux car ils gardent la chaleur plus longtemps, ce qui est idéal pour des insectes en phase de reproduction!)...

Si on ne veut pas d'un terrain trop « désordonné » non plus, ou si l'on souhaite héberger des insectes sur une terrasse, un balcon... les chambres à insectes sont vraiment intéressantes à tester. Voici une liste de quelques points complémentaires intéressants.

- On favorise des pots de couleur plutôt sombre pour nos chambres, afin d'éviter que les silhouettes noires des insectes hébergés se détachent trop sur un fond clair... Nos hôtes seraient alors très facilement détectables par les oiseaux, qui viendraient les picorer en un rien de temps...
- Même si la plupart des insectes ne volent pas à plus de 2 ou 3 mètres de haut, il est cependant envisageable d'installer des chambres sur une terrasse ou un balcon en étage élevé. Les populations d'insectes suivent la verticalité de nos immeubles en les confondant avec le sol et sont ainsi capables d'atteindre de hautes altitudes pour polliniser nos plantes!
- Quand on parle de nettoyage, il convient évidemment de regarder, en fonction de la population de faune hébergée, à quelle période les chambres sont libérées par leurs occupants. Retenons que grosso modo, sous notre climat français, c'est à peu près au mois de mars qu'il est le plus judicieux de faire notre petit nettoyage de printemps (remplacer la paille, refaire des trous dans des morceaux de bois secs, changer les pommes de pin, etc.).

Concernant le lombricomposteur à présent, quelques infos complémentaires également. Au tout début d'une installation, il n'est pas rare de croiser des lombrics se promener dans son salon... Il y a deux explications à cela :

- les vers sont des animaux territoriaux qui cherchent à avoir chacun leur espace;
- les magasins qui fournissent les vers les vendent en sachets de trop grosses quantités (oui, c'est aussi bête que ça, mais tout de même bon à savoir).

Pour éviter les visiteurs sous notre canap', on peut alors :

- partager les vers avec un voisin;
- les récupérer dans le lombricomposteur déjà installé d'un usager. Le site plus2vers.com met par exemple en relation les personnes qui cherchent des vers avec celles qui en fournissent.

Concernant le lombrithé, on notera qu'outre les plantes qui en sont complètement fans (attention, à utiliser bien dilué!) c'est un EXCELLENT déboucheur pour WC et autres canalisations (très écolo en plus). Quant au terreau de lombricompost, il est extrêmement riche mais attention, il faut bien le mélanger à de la terre : cette matière n'est pas comparable à l'humus du complexe argilo-humique que fabriquent les vers de terre lors de leurs allers-retours entre surface et sous-sol : les vers de lombricompost sont en effet des vers épigés de surface, le compost qu'ils produisent est ultra-concentré *(voir le chapitre « Focus sur la terre », page 49)*.

Une super alternative au lombricomposteur? Les poules. Elles mangent TOUS les restes. Et leurs fientes sont un excellent fertilisant.

LE *BOKASHI*, LA POTION MAGIQUE JAPONAISE

Bien avant de découvrir qu'une cuillerée à soupe de sol vivant contient jusqu'à 1000 milliards de micro-organismes*, les Japonais avaient compris la puissance et l'intérêt de travailler sur le développement et la multiplication des micro-organismes pour stimuler la fertilité de leur terre. Les paysans nippons cultivent ainsi des micro-organismes chez eux depuis des générations. Littéralement, *bokashi* signifie « matières organiques fermentées ».
À titre comparatif, retenons que le *bokashi* fonctionne classiquement en milieu anaérobie (sans oxygène) et consiste en une fermentation, tandis que le compost est une décomposition qui se déroule en environnement aérobie.
Il existe des *bokashi* aérobies (ce qui explique qu'on entende parfois les termes de « compost japonais » en traduction française), mais le fonctionnement le plus emblématique reste celui de la fermentation anaérobie.

Concrètement, comment fonctionne le *bokashi*?
• Dans un seau spécifique équipé d'un couvercle hermétique et d'un tamis, on place nos déchets de table ou du jardin : agrumes, restes de viande, de fromage, de pain, de pâtes, végétaux coupés…
• On ajoute un « activateur de *bokashi* » à base de son de blé fermenté au moyen d'EM (*effective microorganisms*, « micro-organismes efficaces »). Cela permet l'acidification de nos déchets.
• Le processus est alors très rapide. En quinze jours, le *bokashi* est prêt avec :
- un thé à compost qui, une fois dilué, est un excellent engrais pour les plantes;
- le produit du *bokashi*, qui doit être enterré dans le sol ou mélangé à un tas de compost actif pour être complètement composté.
En définitive, l'avantage majeur du *bokashi* est de permettre la fermentation de restes de repas, même d'origine animale. Son thé est aussi bénéfique pour les plantes que celui produit par le lombricomposteur. Si son produit n'est pas exploitable directement dans le jardin, comme peut l'être le compost, il a toutefois l'avantage d'enrichir la terre d'une grande variété de nouveaux micro-organismes.
Si on grossit un peu le trait, **on peut ranger les micro-organismes du sol en trois catégories** : les bons (avec des fonctions stérilisantes, nourrissantes ou encore fixatrices d'azote, par exemple), les mauvais (vecteurs de maladies) et les « hésitants ». Ces derniers basculeront du côté des bons ou des mauvais en fonction des organismes qui se développeront à proximité. Insérer la matière vivante du *bokashi* grouillant de micro-organismes favorables dans son potager revient à aider les « hésitants » à basculer du bon côté de la force. De quoi enrichir considérablement la terre en nutriments… et le potager en légumes!

* *Permaculture, guérir la Terre, nourrir les hommes*, de Charles et Perrine Hervé-Gruyer.

L'automne, la saison du potager au Bois dormant

Le potager est paré pour l'hiver : après un gros désherbage, les allées sont couvertes de paillettes de chanvre et les planches, de 500 kg de compost jeune (notre terrain est argileux).

PENSE-BÊTE

✓ Semer des céréales (blé, seigle, etc.) pour occuper l'espace et d'empêcher l'invasion d'adventices; au printemps, on les déposera sur le sol pour un apport direct de matière organique.

✓ Pour les cucurbitacées, on « garde les meilleures pour la fin (et la faim) ». On attend ainsi le dernier moment pour récolter les courges qui nous restent au potager, les plants sont alors totalement secs. Les fruits seront encore meilleurs, et leurs graines chargées à bloc de toute l'énergie du plant !

✓ Installer le potager au Bois dormant : on prépare notre terrain à passer l'hiver en couvrant le sol de paille, feuilles, broyats… On n'oublie aucun des espaces non cultivés du jardin pour bien nourrir tous les habitants du sol, et on diversifie à fond les apports ! On pense aussi à protéger nos jeunes plantations, « bébés arbres » ou arbustes : de grosses épaisseurs de paillis les aideront à mieux passer la saison froide. Dispersons çà et là des rondins, de grosses pierres… autant d'abris pour la faune.

✓ Épandre du fumier au potager et au pied des arbres (sans en abuser).

✓ Décembre est le moment parfait pour un grand lâcher de poules au potager. Elles pourront se délecter des limaces et de leurs larves sans risquer de déterrer nos semis ou jeunes pousses !

Choux, carottes, laitues et autres poireaux peuvent tranquillement rester en place au potager à l'automne.

Les récoltes continuent. On n'est pas peu fiers de nos potimarrons et patidoux home made (les mini-courges vertes et jaunes), de nos succulents choux-raves (tubercules verts au fond) et de nos délicieuses betteraves (au premier plan devant).

TO DO EN OCTOBRE

- Semer en pleine terre (vérifier bien sûr vos sachets et votre implantation géographique) : carottes, coriandre, épinards, fèves, petits pois, radis…
- Semer au chaud : choux de printemps, laitues, mizuna, poireaux, roquette.
- Planter : ail, choux, laitues, oignons, poireaux.
- Récolter : betteraves, carottes, choux cabus, choux-fleurs, choux-raves, courges, haricots, mâche, maïs, navets, oignons, radis.
- Faire le bilan de la saison potagère qui s'achève.
- Passer commande des arbres/arbustes/plantes vivaces qu'on souhaite planter après la Sainte Cat'.

TO DO EN NOVEMBRE

- Semer et planter en pleine terre (vérifier bien sûr vos sachets et votre implantation géographique) : ail, bulbilles d'oignons, échalotes, fèves, petits pois.
- Semer au chaud : choux de Bruxelles, persil, poireaux, radis, roquette…
- Récolter : betteraves, carottes, choux, courges, épinards, laitues, mâche, navets, poireaux, radis.
- Planter les arbres et les vivaces.
- Marcotter : gojis, groseilliers, romarins, ronces, rosiers…
- Commencer à réfléchir au design du potager envisagé pour la saison suivante.

*Oui, oui, certains peuvent être bouturés ou marcottés, c'est au choix.

TO DO EN DÉCEMBRE

- Planter : arbres et arbustes.
- Semer au chaud : choux-fleurs, laitues, poireaux, roquette…
- Récolter : betteraves, choux, épinards, mâche, poireaux, radis noirs.
- Diviser : consoude, framboisiers, noisetiers, oliviers, orties, tilleuls…
- Marcotter : groseilliers*, romarins, ronces*, rosiers*…
- Bouturer : cassissiers, figuiers, groseilliers*, ronces*, rosiers*, sureaux, vignes résistant au phylloxéra…
- Récupérer les semences de courges et courgettes.
- Acter le design du potager de printemps.
- Effectuer l'inventaire de ses sachets de graines.
- Faire des tests de germination sur nos vieux sachets.
- Commander les graines manquantes.

Un peu de vocabulaire

Éclaircir un semis : pour des semis en pleine terre comme les carottes ou les radis par exemple, il n'est pas rare qu'on ait la main un peu généreuse et que nos plantules pointent en étant trop proches les unes des autres. Lorsque les plants atteignent 3-4 feuilles, il faut alors éclaircir (autrement dit supprimer) les plantules les moins vigoureuses pour laisser aux plus prometteuses la possibilité de bien s'épanouir.

Profiter des tomates jusqu'au bout

Pour les tomates qui ne mûrissent plus faute de chaleur :

Arracher précautionneusement les plants avec leurs fruits verts - les suspendre racines en l'air, à l'intérieur, à la lumière, dans une pièce à 20°C.

Récolter les tomates quand elles sont mûres !

Coupes automnales au potager

Si l'automne rime avec fin des récoltes, on privilégie toujours la coupe à ras des végétaux plutôt que l'arrachement, car :

Les racines qui restent en terre nourrissent la vie du sol et favorisent son aération.

Certains végétaux tels que les épinards, les blettes, les laitues... peuvent repartir et continuer à produire des feuilles.

Alliés

Regarde, Phiphi, j'ai trouvé une coccinelle !
Aaah ! Ma meilleure copine au potager !
Sais-tu pourquoi on l'appelle « bête à bon Dieu » ?

Au Moyen Âge, un homme va être exécuté pour un meurtre dont il se dit innocent.
Alors qu'il penche la tête, une coccinelle se pose sur son cou.
Le bourreau la chasse, mais la bestiole revient sans cesse.
merci! merci! merci!
Le roi Robert II y voit un signe divin : il gracie le condamné.

Il existe plusieurs centaines d'espèces de coccinelles dans le monde.
Rien qu'en France, on en trouve des rouges, des jaunes, des noires avec entre 2 et 22 points sur le dos.
Qu'indiquent ces points d'après toi ?
Fastoche ! L'âge de la coccinelle.

On ADORERAIT...
mais non, les points indiquent simplement leur espèce !
Salut, moi c'est Coccinella septempunctata.
Rouge à 7 points.
La plus répandue en France.

Sais-tu pourquoi la coccinelle est ma BFF au potager ?
Indice : ça a un rapport avec les cochenilles et les pucerons.
WANTED
SUCEURS DE SÈVE
EXTERMINATEURS DE PLANTES
Les insectes sont nos amis, il faut les aimer aussi, mais ces deux-là... sur nos plantes on n'est pas fanas.

Allez, je vous donne la réponse.
C'est parce que la coccinelle est LE prédateur des cochenilles et des pucerons.
Mange des centaines de pucerons par jour.
Au printemps, pond entre 50 et 400 larves qui se nourrissent également de pucerons.
S
Dévore aussi les cochenilles.
Et puisqu'on parle de larve de coccinelle, en voici une.
Ce truc qui ressemble à un nuisible vénéneux de l'espace est un bébé coccinelle.
C'est pas mal de l'avoir dans l'œil pour ne pas être tenté de l'écrabouiller en la croisant au jardin...
Mais revenons à nos moutons. Pour éviter les invasions de cochenilles et pucerons, on fait donc appel à la coccinelle et à sa larve.
Pour cela, un seul réflexe: installer des plantes auxiliaires près des plants à protéger.
Orties
fèves
ou encore capucines
RESTO
À la Coccinelle Gourmande
★★★
P
Plante auxiliaire (latin auxiliaris, de auxilium, secours) Végétal qui aide les plantes voisines à se développer ou favorise la venue d'auxiliaires naturels (= insectes qui régulent les populations parasistes et les ravageurs au jardin, ou qui favorisent la pollinisation).
L'ortie est une excellente plante auxiliaire au potager.

Alors ma transition est toute trouvée pour parler des recettes de ma mémé...
Ah ! On parle d'ortie ?
L'ortie, c'est ma BFF à moi !

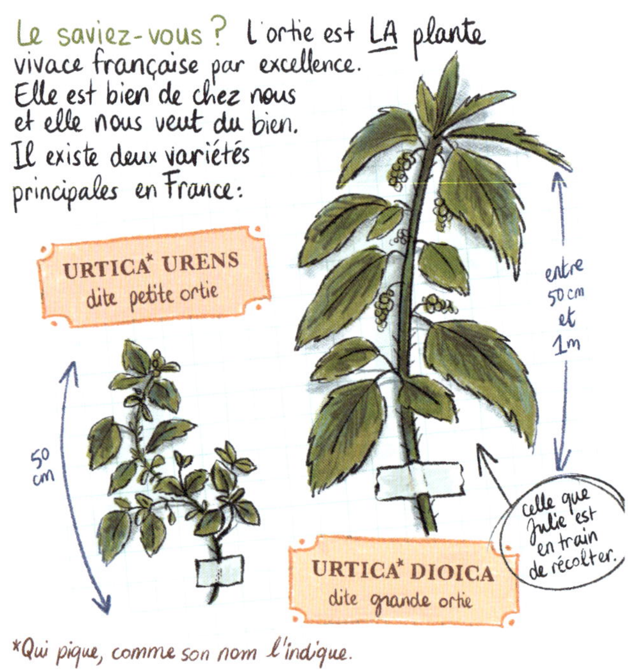
Le saviez-vous ? L'ortie est LA plante vivace française par excellence. Elle est bien de chez nous et elle nous veut du bien. Il existe deux variétés principales en France :
URTICA* URENS
dite petite ortie
50 cm
URTICA* DIOICA
dite grande ortie
entre 50 cm et 1 m
celle que Julie est en train de récolter.
*Qui pique, comme son nom l'indique.

Pour cuisiner, j'ai récolté les têtes (les 3 à 5 feuilles supérieures) :
la concentration de sève y est plus importante
et la tige moins fibreuse.
Ensuite, en avant la créativité !
pesto d'ortie
omelette aux orties
soupe d'orties
tisane d'orties
gelée d'orties

Mmh, ça sent bon !
Tu veux qu'on soit forts et costauds ?
Euh, avec des orties ?
Les orties sont pleines de minéraux, vitamines, protéines...
Elles contiennent 10 fois plus de fer que les épinards.
Popeye peut aller se rhabiller.

Elles sont un excellent anti-inflammatoire et anti-allergène,
elles seraient bonnes contre les problèmes sanguins, les troubles du foie...
Elles stimuleraient même les montées de lait !
Ouhlà, ça dérape, on n'en est pas là !
Mais surtout, elles font des merveilles au potager :
les légumes cultivés près d'elles contiennent plus de minéraux que les autres.
Et en purin, elles stimulent la vie du sol, renforcent les défenses immunitaires des plantes, favorisent la création d'humus et accélèrent la germination des graines !
Eh bah, merci Mémé, bon plan, les orties.
Et enfin, les orties sont un super attrape-poulettes.
Comment ça, Philibert ?
COT
Les orties attirent tout un tas d'insectes et de gastéropodes dont les poules raffolent.
Elles se nourrissent également des graines des orties et adorent picorer leurs feuilles.
Ça vaut le coup d'en planter quelques plants au poulailler.
Occupe-toi donc de ces poules-là, ça me va.

Bon, et tant qu'on est dans la rubrique «remèdes de mémé»,
Voici Phiphi qui urine dans notre arrosoir.
Beh oui, je sauve ces petites plantes bien mal en point !
ZWIP !
apparence chétive
petites feuilles vert pâle ou jaunes
tiges courtes
semblent végéter
diagnostic : symptômes typiques de plantes carencées en azote.
© photo : monjardinenville.com
L'urine vaut de l'or : elle contient de nombreux minéraux dont l'azote, le phosphore ou encore le potassium !
C'est gratis en plus : 'savez que l'urée est le premier engrais vendu au monde ?!
C'est fou quand on sait qu'on a tout ce qu'il faut à domicile !
Oh là gentil lecteur, tout doux !
Je vous vois déjà galoper dans le jardin, prêt à distribuer votre or gratuitement !
Il faut au préalable le diluer car l'urine contient du sel qui :
déshydrate les plantes
perturbe leur absorption des minéraux.

Voila la « recette », c'est bête comme chou !
Diluer 1L d'urine dans 20L d'eau.
Pendant les 3 mois de printemps, prévoir 1 à 3L d'urine par m², répartis sur 3 arrosages de culture : 10 j, 30 j et 50 j après plantation.
Arrêter l'arrosage 1 mois avant récolte.

Certains experts utilisent l'urine non diluée en amont de leurs cultures, à raison de 1,5L max par an, pour rendre l'azote disponible dès la plantation.
L'urine nourrit les plantes et non la terre, donc il faut pratiquer ces épandages en tout début de printemps et ne pas faire d'excès qui pourrait tuer le sol !

Néanmoins, le pipi, ça pue horriblement, à cause des minéraux qui s'en libèrent.*
On en arrosera ainsi un sol capable de retenir ces minéraux soit :
Un sol vivant,
rempli de matière organique,
nourri en compost,
enrichi d'amendements,
humide,
paillé,
aéré,
oxygéné...
*notamment l'ammoniaque.

Dans le potager, l'urine devient un fertilisant minéral précieux, une ressource.
Dans l'eau des WC, il est traité comme un polluant.
Arroser son potager d'urine est un geste définitivement écoresponsable quand on sait ce qu'on consomme en eau potable aux WC.

Dans la première partie du livre, nous parlons en long en large et en travers de la manière d'aggrader la terre. Ici, vous l'aurez compris, c'est l'accompagnement en direct des plantes de notre potager qui nous intéresse, via des auxiliaires : insectes, végétaux ou encore humains.

Insectes auxiliaires

À l'heure de pratiquer la lutte biologique sur son terrain, autrement dit de résister aux invasions de ravageurs, il n'y a qu'un mot à retenir : la diversité. Attirer le plus d'insectes possibles (auxiliaires en tête) au potager. Araignées, carabes, chilopodes (mille-pattes), coccinelles bien sûr, guêpes, libellules, perce-oreilles, punaises, staphylins odorants... tous sont bienvenus au jardin car ils sont de redoutables prédateurs pour des populations indésirables.

Comment faire venir toutes ces charmantes bestioles, alors?
En associant un maximum de plantes différentes aux dates de floraison variées sur notre terrain!

Plantes auxiliaires, mellifères et sacrifiées

Les plantes auxiliaires sont utilisées pour être les compagnes d'autres végétaux. Certaines éloignent les nuisibles tandis que d'autres attirent des insectes auxiliaires. Il en existe qui favorisent la croissance de végétaux voisins... et certaines sont multi-pouvoirs, attirant des insectes pollinisateurs et repoussant des nuisibles!
Les plantes auxiliaires sont en définitive :
• des outils pour la lutte biologique naturelle (excellentes anti-pesticides);
• des stimulatrices de croissance (excellents engrais naturels);
On ne se prive donc surtout pas d'en planter au jardin : achillée, armoise, aster, basilic, lavande, sauge officinale, souci...

Les plantes mellifères exercent un véritable pouvoir d'attraction sur les insectes pollinisateurs, auxiliaires plus que bienvenus et adorés au potager. C'est à eux en effet que l'on doit en grande partie la reproduction végétale et la fructification des légumes et des fruits. En avant alors pour les installer au potager : absinthe, achillée millefeuille, bourrache, centaurée, coquelicot, échinacée, mélisse officinale, ortie, romarin, solidago, vipérine...

Les plantes répulsives ont des propriétés insectifuges qui éloignent les indésirables du jardin. La tanaisie fait ainsi fuir les mouches du chou, doryphores, pucerons et fourmis; le fenouil chasse escargots et limaces; la fritillaire impériale est connue pour ses gros bulbes dont l'odeur éloigne les taupes, campagnols et autres petits rongeurs; et enfin pour nous, humains, qui aimons jardiner au crépuscule, la citronnelle est bien entendu la bienvenue pour tenir les moustiques à distance! Bienvenue au potager, petites plantes aux super-pouvoirs!

Les plantes sacrifiées ou martyres, enfin, sont celles qu'on installera, à l'instar de la capucine dont nous parlions avec Philibert dans la BD, pour attirer à elles les ravageurs. Les groseilliers détournent par exemple les oiseaux des cassissiers

ORTIE, MON AMOUR!

« Quand l'ortie est jeune, la feuille est un légume excellent; quand elle vieillit, elle a des filaments et des fibres comme le chanvre ou le lin. La toile d'ortie vaut la toile de chanvre. Hachée, l'ortie est bonne pour la volaille; broyée, elle est bonne pour les bêtes à cornes. La graine d'ortie, mêlée au fourrage, donne du luisant au poil des animaux. La racine, mêlée au sel, produit une belle couleur jaune. C'est du reste un excellent foin que l'on peut faucher deux fois. Et que faut-il à l'ortie? Peu de terre, nul soin, nulle culture. Seulement la graine tombe à mesure qu'elle mûrit, et est difficile à récolter. Voilà tout. Avec quelque peine qu'on prendrait, l'ortie serait utile. On la néglige, elle devient nuisible, alors, on la tue. Que d'hommes ressemblent à l'ortie! »

Victor Hugo,
Les Misérables.

dont la production de fruits est plus réduite; on peut citer aussi l'oseille sauvage, véritable aspirateur à pucerons, qui en raffolent; ou encore les tournesols, œillets d'Inde ou dahlias, qui attirent les limaces et escargots, les détournant des premières feuilles de nos tendres et fragiles petites laitues…

ATTENTION AUX IMPORTATIONS D'INSECTES

Attention à ne pas introduire au potager des insectes achetés en jardineries ou sur Internet.
Dans le cas des coccinelles par exemple, ce sont souvent des larves asiatiques qui nous sont vendues, or celles-ci s'attaquent aux populations autochtones et les exterminent froidement, à l'instar des frelons asiatiques avec nos frelons européens…
À éviter absolument!
On misera plutôt sur l'introduction de plantes mellifères pour faire venir notre bonne vieille *Coccinella septempunctata* bien de chez nous.
La coccinelle asiatique *(Harmonia axyridis Pallas)* a deux taches blanches près de la tête et une marque en forme de « M » derrière celle-ci.
Elle peut être jaune, orange, rouge ou noire et compte entre 0 et 20 points.

Auxiliaires humains

Introduire de l'urine au jardin peut faire plisser du nez au premier abord, on en conviendra. Néanmoins, nous autres êtres humains appartenons à notre écosystème au même titre que chacun de ses autres composants. Et savoir que nous produisons un engrais naturel bénéfique pour notre environnement, c'est tout de même beau, non?

Pour ceux qui doutent encore, quelques précisions…
Dans 1 litre d'urine, on trouve :
- 6 grammes d'azote;
- 1 gramme de phosphore;
- 2 grammes de potassium;
- 0,3 gramme de magnésium;
- mais aussi du soufre, du fer, du nickel…

Des apports ultra-précieux et directement assimilables par les plantes!

Pour régler le problème de l'odeur – qui reste notre principal frein à l'utilisation de l'urine au potager, soyons honnêtes –, plusieurs solutions existent :
- mélanger l'urine à du compost bien mûr, qui supprime toutes les odeurs (la maturité du compost est un élément déterminant, sans cela l'urine sera compostée et ne sera plus utilisable par les plantes!);
- baisser ou augmenter le pH de l'urine, pour la stabiliser. Soit avec du vinaigre qui va réduire le pH en l'acidifiant (1 cuillerée à soupe de vinaigre par litre d'urine fraîche), soit avec de la cendre qui va augmenter le pH (et en plus, la cendre contient du calcium et du potassium dont les plantes raffolent!).

Certains professionnels recommandent de stocker l'urine à température ambiante dans des conditions bien hermétiques, de quelques semaines à six mois avant de l'utiliser.
Cela permet de faire disparaître :
- la majorité des résidus médicamenteux si on est sous traitement;
- les agents pathogènes si on a une petite infection en cours au moment de la récupération de l'urine.

Ah, et une bonne nouvelle pour clore ce chapitre : nul besoin de tenter de crotter au jardin, les plantes n'aiment VRAIMENT pas, d'autant que si le pipi est stérile, ce n'est pas le cas des matières fécales, qui peuvent contenir beaucoup d'agents pathogènes. *Good news*, mmh?

Pour poursuivre dans les échanges vertueux et obtenir des résultats rapidement, il existe deux petites marches accessibles très vite, même dans un petit jardin : l'élevage de poules et la spirale d'aromatiques.

Les poules, pour commencer. Lorsqu'on se penche un petit peu sur les conditions d'élevage de ces dernières en batterie, et surtout quand on goûte un œuf « home poulette made »... on est vite tenté d'accueillir quelques gallinacés au jardin.
Quelques recos, alors...

Le choix du poulailler

Qu'il soit fabriqué maison ou acheté tout fait, optons pour un poulailler sécurisé. Absolument. Même en ville, le renard et la fouine rôdent, et ils peuvent faire un massacre en quelques minutes à peine... Oui, oui, on sait malheureusement de quoi on parle, à l'heure où nous écrivons ces lignes, nous avons perdu cette nuit même une poule : le renard a réussi la prouesse d'ouvrir la porte du poulailler dont le loquet avait été mal fermé... rusé, l'animal ! Et paf Mimolette, notre poule rousse.

L'espace

L'idéal est de laisser aux poulettes le plus de place possible. Qu'elles puissent se promener et gratter la terre, profiter d'un carré de pelouse et visiter différents espaces sur le terrain. Le goût et la qualité de leurs œufs n'en seront que meilleurs !
• Prévoir 2 m² par poule pour l'enclos fermé autour du poulailler.
Les jours où l'on s'absente, il est bien qu'elles puissent s'aérer en sécurité. L'idéal cependant est qu'elles soient le moins souvent possible enfermées dans cet enclos ! Et le top est d'opter pour un poulailler en hauteur dans cet espace afin que les poules puissent s'y réfugier lorsqu'il pleut.
• Prévoir 10 à 20 m² de pelouse par poule pour qu'elles puissent picorer.
L'hiver, lorsque le potager est au repos, on aime à laisser ces dames s'y balader. Elles nous débarrassent alors de larves diverses, vers nuisibles – notamment pour les fruitiers – et autres œufs de limaces ou escargots.
Au printemps et en été en revanche, la bonne solution peut être de clôturer et protéger le potager plutôt que d'enfermer les poules plus à l'étroit... plus elles ont d'espace, moins on a de risques de maladies, plus elles sont heureuses et produisent de bons œufs !

Leur fumier

Les fientes des poules sont très riches en azote, elles contiennent également du calcium, du potassium et du phosphore. Elles sont donc un excellent engrais au potager. Mais halte là, on ne les déverse

PARLONS COUVADE

Il est possible, un matin, de trouver une des poules installée dans le poulailler en train de couver.
Quand on l'approche elle gonfle les plumes et émet des roucoulements différents de ceux habituels. C'est ce qu'on appelle une couvade, la poule a instinctivement envie de voir naître des poussins... sauf qu'en l'absence de coq, elle peut malheureusement attendre longtemps.
Et c'est justement le risque. Si la poule attend ainsi indéfiniment, elle risque de s'épuiser et de s'affaiblir beaucoup. Accessoirement en plus, elle ne pond plus d'autres œufs.
Une solution alors : sortir la poule du poulailler pendant 48 heures. L'enfermer avec de la litière, de l'eau et de la nourriture dans un espace sécurisé, sans oublier de lui rendre visite et de la rassurer.
La poule sait naturellement qu'un œuf non couvé ne survit pas plus de 48 heures. Elle réintègrera le poulailler avec les autres passé ce délai, dans un état normal.
Ah, et au passage, on lit beaucoup sur Internet – ou on peut même l'entendre dans la bouche de certains éleveurs – qu'une bonne solution est de tremper intégralement la poule en couvade dans un bac d'eau froide. Le choc la fait « revenir à la raison ». Inutile de préciser ici ce que nous en pensons... mais vous l'aurez compris, ce n'est pas vraiment notre tasse de thé.

pas telles quelles au pied de nos plants, au risque de griller les racines.
Deux options alors :
• on laisse les fientes sécher à l'abri plusieurs semaines puis on les mélange à de la terre (1/3 de fientes pour 2/3 de terre). On les épand ensuite en surface, régulièrement pour éviter les surdosages, plutôt un jour de pluie pour faciliter leur pénétration dans le sol. On gardera en tête de ne pas dépasser la quantité de 500 g/m^2 ;
• on incorpore les fientes directement dans le compost, et zou !

Le deuxième petit pas vers plus de permaculture est la spirale d'aromatiques. Son principe est simple : un tas de terre arrondi, cerclé de pierres qui emmagasinent la chaleur. on peut même installer un petit bassin d'eau au pied de la spirale, pour que celle-ci s'enroule d'un bas humide vers un sommet sec, et réponde aux besoins variés des divers aromates.
Symbole permacole au moins aussi connu que la fameuse butte en dôme arrondi, la spirale a pour elle de nombreux atouts :
• elle agrège plusieurs principes phares de la permaculture – culture sur un espace restreint, association de (très) nombreuses variétés de végétaux, travail sur un espace 3D permettant de créer plusieurs microclimats et différents niveaux d'ensoleillement ;
• elle attire un nombre très important d'insectes auxiliaires – pollinisateurs en tête – au jardin ;
• elle propose des plantes aussi bien parfumées que savoureuses ou médicinales à portée de main : il faut donc placer la spirale au plus près de la cuisine !

Spirale d'aromatiques

1 – Romarin
2 – Sauge
3 – Lavande officinale
4 – Thym
5 – Marjolaine
6 – Origan
7 – Hysope
8 – Estragon
9 – Capucine
10 – Millepertuis perforé
11 – Sarriette
12 – Pimprenelle
13 – Persil
14 – Ciboulette
15 – Aneth
16 – Cerfeuil
17 – Basilic grand vert
18 – Basilic grec
19 – Mélisse
20 – Menthe poivrée
21 – Valériane officinale
22 – Bourrache
23 – Consoude
24 - Cumin

Nuisibles

*Pour rappel, les vers de terre sont les meilleurs amis du jardinier, on les aime d'amour.

* Ils digèrent tous deux la matière organique.
** Bois raméal fragmenté.

Opération 3 : préparer un festin spécial pour elle, qui la détournera des plantations.
On paille avec du foin herbeux, des cosses de fèves, on applique le compost de surface en installant de la matière organique morte et des épluchures aux pieds des plants.
À TAAABLE !
Opérations 4, 5, 6 : pour les jardiniers à l'âme d'agents secrets, il y a des remèdes de nuit*.
Couvrir les plantules avec des bouteilles en plastique coupées
Les gars, on est brocouille !
Installer des planches de bois au sol : les limaces se réfugient dessous dès que le soleil chauffe, il ne reste alors plus qu'à les évacuer.
Aaaaaah ! On est cuits, les gars !
Traquer les limaces à la lampe de poche
OK les gars, je me rends !
*car les limaces ne sortent pas à découvert.
Certains remèdes de grands-mères sont parfaitement inefficaces, ne testez pas :
Les coquilles d'oeufs broyées ou les aiguilles de pin
La cendre ou le marc de café (qui, en plus, déséquilibrent le sol car ce sont des fertilisants)
Le piège à bière (qui rameute toutes les limaces des jardins d'à côté)
Même en appliquant toutes ces méthodes, il se peut que les limaces continuent à festoyer dans votre jardin. Il faudra alors s'armer de patience… au bout de quelques années, votre écosystème sera équilibré.
La nature est bien faite, mais elle va à son rythme…
JE HAIS LES !!* DE LIMACES !!!

Euh Phiphi... Puisqu'on en est aux mauvaises nouvelles... Il y a du blanc partout sur nos courgettes...
Raaaah, non...
foutue maladie du blanc...
L'oïdium est une maladie qui se développe les jours de :
• grande humidité
• température élevée
Les cucurbitacées (concombres, courges, melons...) y sont particulièrement sensibles.
Ce champignon dépose une sorte de feutrine blanche sur tous les organes aériens des plantes jusqu'à les dessécher et les tuer.*
*Même les légumes sous serre peuvent être touchés.
Si l'attaque survient en fin de cycle de la plante, l'oïdium nuira peu à la production.
Si le plant est atteint précocement, toute la récolte risque d'être compromise, d'autant plus qu'un plant malade participe à la propagation de la maladie.
Il faut donc agir en préventif :
Cultiver sur un sol vivant, nourri en matière organique et paillé.
Réduire la densité de culture pour favoriser l'aération.
Arroser les plantes au pied et pas sur le feuillage...
Aérer les serres.
'vaut mieux prévenir que guérir.

Et en prévention, il y a aussi les purins. Arroser avec :
• Du purin de prêle régulièrement. Il est riche en silice qui éloigne l'oïdium.
• Du purin d'ortie en début de culture (2 ou 3 arrosages espacés de 7-10 jours). Il renforce les défenses naturelles des plantes.
• Du purin de consoude pour prendre le relais de l'ortie (2 ou 3 arrosages, espacés de 7-10 jours).
Ah, bonheur ! Les solutions de ma biologiste préf !
Beh oui, mon lapin, il faut bien agir, là. Je vais chercher le matos.
Quand l'oïdium est visible, on supprime les feuilles avec parcimonie, le plant s'affaiblit quand on lui en retire trop.
En début de saison, on pulvérise de l'eau sucrée mélangée à des micro-organismes efficaces une ou deux fois par semaine, sur les sujets malades et ceux alentours.
En fin de saison, les pieds sont en fin de vie, aussi nous ne les traitons pas.
Certains recommandent de pulvériser du bicarbonate de soude, mais nous non car il freine la floraison.
Et puis les maladies ont un rôle au jardin : elles sont régulatrices, nettoyeuses.
SUCRE
Elles éliminent la végétation en excès ou en fin de vie pour faire place nette aux autres plantes.
Il n'est ainsi pas obligatoire de traiter l'oïdium.
Mais dis donc ma Juju, tu deviens sage !
Pas si sage, mon Phiphi, je te rappelle que je vais t'épouser et vivre de fumier, paillage et urine au potager.

À l'heure d'évoquer les nuisibles du potager, nous allons étayer quelque peu les propos précédents de Philibert et Julie, mais nous ne serons pas tellement plus bavards.

Non, nous ne ferons pas ici le catalogue de toutes les maladies et autres invasions possibles au jardin accompagné des solutions clés en main pour s'en débarrasser... Car – et vous l'aurez compris –, le principe de la permaculture étant de bannir des mots comme « mauvaises herbes » ou « ennemis », nous partons du principe que la nature est bien faite et que toute anomalie sur notre terrain (de type maladie ou invasion) est la conséquence d'un déséquilibre de notre écosystème. Or à cela, une seule solution : enrichir l'écosystème de toujours plus de végétaux (et par conséquent d'auxiliaires) différents... et attendre : le temps fait son œuvre et, au fil des années, notre potager trouvera son équilibre!

Au sujet de la limace, ainsi, on aime à se rappeler qu'elle est présente partout sur Terre et dans tous les écosystèmes, aussi bien ceux avec très peu de végétaux qu'en plein cœur de la forêt amazonienne. Elle a donc un rôle clé sur notre planète...
D'ailleurs beaucoup de jardiniers et biologistes parlent d'elle comme d'une alliée.
Au sujet des pièges de grands-mères inutiles pour les éloigner de notre lopin de terre, notons...

- que nous ne recommandons ni les aiguilles de pin ni les coquilles d'œufs car ces dernières ne refroidissent absolument pas les limaces qui continuent de se promener dessus allègrement (testé et désapprouvé car inutile, donc);
- nous sommes réticents au marc de café ou à la cendre qui ne sont efficaces qu'épandus en grande quantité. Or ces apports constituent des amendements pour le sol et par conséquent peuvent créer des déséquilibres;
- nous désapprouvons l'usage de réglettes en cuivre qui se décomposent très lentement et s'intègrent à la terre.

Or le cuivre est destructeur de la vie du sol à long terme. À noter que c'est en réalité le retour angulaire de cet instrument qui empêche son franchissement par la limace. À choisir, autant favoriser alors des réglettes en Inox, si on trouve le temps et l'énergie (car il en faut...) pour installer ce type de repoussoir!
Une autre méthode que nous n'avons pas évoquée avec Philibert et Julie est l'intégration de poules au potager : elles se régalent en effet des limaces et de leurs œufs. Néanmoins, nos amies poulettes raffolent également des jeunes feuilles tendres des petits plants tout juste éclos. Mieux vaut donc inviter nos gallinacés au potager l'hiver : elles y feront alors un grand ménage des limaces... et pas de nos plantations!
En conclusion sur ce gastéropode, et pour changer de regard sur la limace, nous vous invitons vivement à aller visionner les travaux passionnants d'Hervé Coves : « Gestion holistique de limaces ».

ALLEZ, QUAND MÊME TROIS MOTS SUR LE MILDIOU...

Le mildiou est une maladie cryptogamique qu'on connaît bien lorsqu'on cultive des tomates... car ce champignon peut fusiller tous les plants du potager en un clin d'œil.

Contre le mildiou, on agit surtout en préventif :

- on favorise des variétés résistantes (pour cela, on plante différentes variétés dans notre potager, et on observe! On récoltera les graines des plants peu/pas touchés pour l'année suivante);
- on pulvérise du purin de prêle (riche en silice) sur les plants encore jeunes pour activer leurs défenses;
- on espace les pieds pour éviter les propagations rapides;
- lorsque la météo annonce du soleil pour quelques jours, on coupe quelques gourmands* (mais pas trop, car cela blesse la plante et le champignon peut ainsi y accéder) quand les plants sont encore jeunes. Cela favorisera une tige centrale permettant ensuite à l'air de mieux circuler;
- on tuteure régulièrement les plants pour éviter que les branches touchent trop le sol – cela favorise en effet le développement du champignon;
- on protège des trop fortes pluies en installant éventuellement des bâches au-dessus de nos plants (le champignon prolifère avec l'humidité);
- on garde des plants en serre, au cas où...

* Les gourmands sont des tiges qui se développent au croisement des feuilles et de la tige principale des tomates.

Concernant l'oïdium à présent, notons que ce champignon est différent selon les variétés mais touche de nombreux végétaux. Si les cucurbitacées (concombres, courges, courgettes...) y sont sensibles, les haricots, pois, carottes, laitues, betteraves, tomates, choux, radis, navets, artichauts, framboisiers, cassis, la vigne et les arbres fruitiers peuvent également être atteints... **Mieux vaut prévenir que guérir, alors en avant les purins!**

Parlons également d'un remède de grands-mères contre l'oïdium. Pour lutter contre la propagation de cette maladie cryptogamique au potager, on lit régulièrement de pulvériser du lait de vache sur les feuilles attaquées. Pourquoi ce conseil, alors? D'abord parce que le lait agit comme antifongique; ensuite parce qu'il est sucré et favorise donc la prolifération des bactéries. Sur les feuilles des végétaux en effet, on trouve à peu près 50 % de champignons et 50 % de micro-organismes. La prolifération de champignons (comme l'oïdium) traduit donc un déséquilibre que le lait participe à rétablir.
On n'est cependant pas complètement fans de l'usage du lait contre l'oïdium, nos vaches étant déjà suffisamment « surtraites » comme ça (dérivé du verbe traire, oui, vous avez compris l'idée).
Pour aider des plants attaqués à retrouver un équilibre, nous proposons alors deux options :

• pulvériser sur les feuilles malades des micro-organismes qu'on peut se procurer dans des *bokashi,* jus de compost dilués ou dans des solutions déshydratées de micro-organismes efficaces (en jardineries ou sur Internet);
• pulvériser du sucre qui va nourrir les bactéries et les aider à reproliférer.

La plante va « penser » qu'elle saigne (la sève aussi est sucrée) et réagira en renforçant son épiderme pour cicatriser et se protéger.

Si un plant attaqué est couvert de blanc, nous recommandons de le couper. Nous ne le brûlons pas mais le compostons dans le compost ou sous notre paillage. Les plants malades se décomposent avec l'oïdium, favorisant le développement de micro-organismes qui pourront lutter contre dans le futur.

Enfin, retenons que les plantes qui vivent dans des sols trop azotés sont plus susceptibles d'être touchées car leur épiderme est moins carboné, plus azoté, et donc plus mou, plus transperçable. Elles poussent plus vite mais sont plus faibles! Idem, dans les jardins trop arrosés, les plantes gorgées d'eau sont moins résistantes.

COMMENT RÉALISER UN PURIN?

• 1 grand seau
• 1 kg de jeunes orties, de consoude ou encore de prêle
• 10 litres d'eau

Laisser macérer les végétaux dans le seau rempli d'eau :
• 24 à 48 heures pour une utilisation du purin en insecticide ou fongicide;
• 15 jours minimum (on saura que la fermentation est achevée lorsqu'on ne verra plus de bulles remonter à la surface à l'heure de mélanger le purin) pour une utilisation en engrais ou activateur de croissance.
Attention, le purin, notamment d'ortie est extrêmement nauséabond. Faites votre petite tambouille loin de la maison!
Pulvérisez le purin par temps sec, et le soir.

La forêt comestible

La forêt, ou plus précisément le jardin-forêt.
On doit ce concept à un Anglais, Robert Hart, au début des années 1960.
Il est le premier à transposer le modèle des forêts nourricières tropicales sous nos latitudes tempérées.
Rob' disait:
« Personne ne fertilise ou n'irrigue une forêt. Elle est autonome. Si vous êtes capable de recréer une forêt nourricière, alors votre principal effort sera d'en récolter les fruits. »

'Savez pourquoi les forêts sont extrêmement productives ?
Car elles croissent selon un modèle de superposition de couches verticales de végétaux de différentes tailles.
©Alexandra Lamoureux
Le jardin-forêt imite ce multi-étage de couches, en utilisant des espèces comestibles.

Concrètement, l'association des 7 strates de végétaux d'une forêt ressemble à ça :
1. grands arbres
2. arbustes et espèces naines
3. baies et arbustes
4. herbes comestibles et médicinales
5. légumes ou plantes racines
6. couvre-sol
7. lianes comestibles
L'énergie à fournir est importante au départ, mais une fois le système établi, on est peinard.
Sous nos climats en effet, la nature tend à retrouver l'état de forêt en permanence.

Damien Dekarz propose une super méthodo pour planter un jardin-forêt sous nos climats.
Même si sa recette peut être modifiée à l'envi, la base est précieuse :
① Pailler tout le terrain si possible.
② Prévoir le potager au sud, avec un maximum d'ensoleillement.
③ Dessiner les allées.
④ Au nord, planter les futurs grands arbres (noyers, pommiers hautes-tiges, châtaigniers...) tous les 8 m*.
*L'espacement est important pour laisser de la lumière aux couches inférieures.

⑤ Au centre, planter les fruitiers moyens (abricotiers, poiriers) tous les 6 m.
⑥ Au sud, les petits fruitiers (pêchers, noisetiers) et ceux qui supportent bien les tailles (pruniers, poiriers, sureaux) tous les 6 m.
⑦ Planter les fixateurs d'azote (éléagnus, argousiers, caraganiers)...
⑧ ...puis des fruits rouges (groseilliers, framboisiers, myrtilliers) et des couvre-sols (fraisiers, consoude, menthe).
⑨ Au bout de 5 ans, ajouter les lianes (kiwis, vignes).
On recommande de multiplier les bordures pour y planter des végétaux fructifères.
La bordure est en effet la partie la plus riche de la forêt :
Elle laisse passer l'eau.
Elle a plus de lumière (photosynthèse).
Et en plus, c'est trop beau.
Elle bénéficie d'un sol humifère.
On n'oublie pas d'ajouter une haie tout autour qui retient les sols, permet à l'eau de s'infiltrer, attire les oiseaux, les insectes...
...et protège le nouvel écosystème des intrants chimiques extérieurs et du vent.
On peut réaliser un jardin-forêt même sur quelques centaines de m²...
Z'imaginez ce que ça donnerait, si on s'attaquait à tous les espaces communs en ville ou tous nos petits bouts de jardin individuels ?
CE SERAIT DÉMENT !

Raconte-moi ton rêve… en conclusion

Eh bien en conclusion, c'est le cœur battant que nous finissons ce livre. Dans l'ère de désespérance profonde qui est la nôtre, une vraie lumière d'optimisme se lève grâce à la permaculture car oui, elle est vraiment accessible à tous.

Et ce quel que soit notre niveau de connaissance initiale de la nature et du potager, nous vous le promettons (RIP tous les ficus et autres plantes en pots qui nous ont été offerts avant la perma)! Alors oui, certes, le paramètre nécessaire est évidemment de pouvoir posséder un petit lopin de terre. En ville, l'exercice est moins aisé, même si les jardins partagés fleurissent de toutes parts et qu'on rêverait de pouvoir investir la moindre parcelle disponible pour partager des arbres fruitiers ou, soyons fous, planter çà et là des forêts-jardins appartenant à tous. Sans attendre cela, sachez que certains installent déjà de véritables potagers hors sol extraordinaires sur leurs toits, leurs terrasses ou encore leurs balcons... Promenez-vous sur Internet ou Instagram, ils postent des photos et des vidéos absolument époustouflantes de leurs cultures et récoltes! La nature sait définitivement être créative et généreuse quand nous nous associons à elle pour co-créer.

Alors pour finir enfin... quel est mon rêve? Après m'être un peu cachée, tout au long du livre, derrière les voix de Philibert et de Julie ou encore un « on » consensuel dans les pages qui suivaient, j'ose enfin employer le « je » dans la conclusion. Je l'utilise pour formuler mon rêve, un rêve pour chacun d'entre nous.

Ce rêve réside en un mot : l'émerveillement. Je rêve d'un monde qui s'émerveille. Je nous souhaite à tous la joie de nous émerveiller. Je crois, humblement, que cela passe inévitablement par la nature. Lorsqu'on croque à pleines dents dans une tomate un peu cabossée mais exquise qu'on a vue grossir et mûrir jour après jour depuis qu'on en a semé la graine, quand on goûte au jaune délicieux de l'œuf que l'une de nos poulettes nous a offert le matin même, lorsque l'on dispose dans un vase de magnifiques tournesols-soleils qui ont patiemment poussé dans le potager tout au long du printemps... on n'a pas besoin de grand-chose de plus pour sentir notre cœur battre.

Ce retour à l'essence de l'essentiel, je crois profondément qu'il est la clé du bonheur. Et cela, même les vieux jardiniers-ours ronchons en conviendront!

Je nous souhaite cela à tous, alors. Je rêve que chacun puisse découvrir (redécouvrir?) l'émerveillement. Et sans nul doute qu'une fois que chacun aura goûté à ce bonheur, il pourra quotidiennement préserver notre planète, cela coulera de source. Or nous sommes chacun des gouttes d'eau qui, ensemble, peuvent changer le monde...

Merci de m'avoir lue.

« Le plus grand changement que nous devons faire
est de passer de la consommation à la production,
même si c'est sur une petite échelle, dans nos propres jardins.
Si seulement 10 % d'entre nous faisaient cela, il y aurait
assez à manger pour tout le monde. »

Bill Mollison

SOURCES

Page 13
Semis sous couvert végétal
dicoagroecologie.fr

Page 22
Train japonais imitant la forme du bec d'un martin-pêcheur
biomimetisme.wordpress.com/le-biomimetisme-dans-les-transports
Baleines à bosse
Article « Biomimétisme : les pales d'éoliennes imitent les nageoires des baleines à bosse », de Pascale Colisson, lesechos.fr, 14 mai 2018.

Pages 24-25
Cette double page est réalisée à partir du chapitre IX de *Permaculture, guérir la Terre, nourrir les hommes*, « Les jardiniers-maraîchers parisiens du XIXe siècle », de Charles et Perrine Hervé-Gruyer, Actes Sud.

Pages 26-27
fr.wikipedia.org/wiki/Terra_preta

Page 31
• « Influences exotiques », chapitre IX de *Permaculture, guérir la Terre, nourrir les hommes*, de Charles et Perrine Hervé-Gruyer, Actes Sud.
• *Lessons in Living Green from Traditional Japan*, d'Azby Brown, Kodansha USA.
Et si on s'inspirait des arbres ?
Interview de Suzanne Simard : « Les arbres communiquent entre eux », courrierinternational.com, 20 décembre 2019.

Pages 34-35
seedballs.fr/blog/masanobu-fukuoka

Pages 44-45
D'après l'ouvrage *La Permaculture au jardin mois par mois*, de Damien Dekarz, Terran.
• *Page 45, bas :* exemple de haie champêtre proposée par atmosvert.fr.

Pages 46-47
Université populaire de permaculture, permaculture-upp.org

Page 56
Test du boudin
edd.ac-creteil.fr

Page 58
Le sol idéal à terre grumeleuse
D'après l'ouvrage *Le potager d'Olivier : nourrir sa famille, nourrir son esprit*, d'Olivier Puech, Terre Vivante.

Page 74
D'après les ouvrages *La Permaculture dans un petit jardin : créer un jardin autosuffisant*, de Kurt Forster, Ulmer et *La Permaculture au jardin mois par mois*, de Damien Dekarz, Terran.

Page 85
D'après l'ouvrage *La Permaculture au jardin mois par mois*, de Damien Dekarz, Terran.

Page 93
Les trois principes d'associations ici proposés (morphologique, mutualisation des forces, chimique) ont été réfléchis et énoncés par le permaculteur Maxence Meheust.

Page 97
D'après l'ouvrage *Le Guide de la permaculture urbaine*, de Carine Mayo, Terre Vivante.

Pages 98-99
• jardiner-malin.fr/fiche/la-tour-a-pommes-de-terre-avis.html
• monamenagementjardin.fr/dossier/tour-pommes-de-terre/notre-test-2.html
• Vidéo YouTube de Damien Dekarz « Tour à pommes de terre » (partie 1/2)

Pages 109-110
D'après la vidéo YouTube « Autonomie, la gestion de l'eau » par Rémi, du Jardin d'Émerveille (youtube.com/watch?v=YXJICfYa0z8).

Pages 110-111
À propos de la mare : texte et BD réalisés en partenariat avec le Conseil d'architecture, d'urbanisme et d'environnement (CAUE) de l'Eure

Pages 112-113
fr.wikipedia.org/wiki/Graine

Page 114
monpetitcoinvert.com
Page 120
Chambre à perce-oreilles
lepotagerminimaliste.fr/2-chambres-hotel-insectes-installer-terrasse-balcon/

Page 125
Bokashi
Permaculture, guérir la Terre, nourrir les hommes, de Charles et Perrine Hervé-Gruyer, Actes Sud.

Pages 132-133
sain-et-naturel.ouest-france.fr/voici-pourquoi-appelle-t-on-la-coccinelle-la-bete-a-bon-dieu.html

Pages 134-135
Ortie
• mangeons-local.bzh/bienfaits-orties
• la-vie-naturelle.com/blog/post/ortie-bienfaits
• futura-sciences.com/sante/questions-reponses/corps-humain-ortie-sont-vertus-4094

Pages 136-137
D'après la vidéo YouTube « L'urine au potager source d'abondance » par Olivier Puech (youtube.com/watch?v=0mtDkccZG2M).
Et pour aller plus loin sur le sujet, voici les références de la vidéo :
• *L'Utilisation sans risque des eaux usées, des excreta et des eaux ménagères*, rapport de l'Organisation mondiale de la santé (OMS) ;
• « Valorisation des urines humaines comme source d'azote pour les plantes : une expérimentation en serre », rapport soutenu le 15 juin 2017 par Tristan Martin, Institut national de la recherche agronomique (INRA) et École nationale des Ponts et Chaussées ;
• « Conseils pratiques pour une utilisation de l'urine en production agricole », étude du Stockolm Environment Institute, ;
• « Concrétiser la valorisation agronomique de l'urine humaine », étude Écosec ;
• l'ouvrage *L'Urine, de l'or liquide au jardin : guide pratique pour produire ses fruits et légumes en utilisant les urines et composts locaux*, de Renaud de Looze, Terran.

Pages 138-139
Plantes auxiliaires
• jardiniers-professionnels.fr/les-plantes-auxiliaires
• les-jardiniers-a-velo.fr/2016/les-plantes-auxiliaires
• paysagiste-en-france.fr/plantes-auxiliaires-atout-jardinier
Plantes mellifères
• apiculture.net/blog/principales-plantes-melliferes-n98
Plantes répulsives
• deco.fr/jardin-jardinage/fleur/76639-10-plantes-repulsives-et-efficaces-pour-faire-fuir-les-insectes
• promessedefleurs.com/conseil-plantes-jardin/ficheconseil/8-plantes-repulsives-conseil-jardinage
Plantes martyres
• jardineravecjeanpaul.fr/plante-martyre
Punaises
• gerbeaud.com/jardin/fiches/se-debarrasser-des-punaises,2307.html

Page 141
Spirale aromatique
cordemais.enpermaculture.fr/les-aromatiques

Pages 144-145
D'après la vidéo YouTube « Limaces, on en parle ! » par Olivier Puech (youtube.com/watch?v=mP41yeoNs8o).

Page 148
Limaces
• gerbeaud.com/jardin/jardinage_naturel/se-debarrasser-des-limaces,1161.html
• « La limace, redoutable mollusque du jardin », jardinage.lemonde.fr/dossier-1190-limace-redoutable-mollusque-jardin.html

Ce livre est pour mes enfants et leur papa. Avoir les mains dans la terre devrait être au programme de l'Éducation nationale, à défaut, voici donc votre ouvrage de référence !
Merci du fond du coeur à la merveilleuse Audrey et aux deux personnes qui m'ont tendu la main pour ce projet fou : mes wonders Clotilde et Pauline. Clo, c'est un régal de travailler avec toi, un IMMENSE régal même. Je suis chanceuse. Pauline, joie et bonheur de te retrouver. Je n'aurais jamais eu l'idée de ces petites leçons si tu ne me l'avais pas soufflée. Merci, merci et encore merci.
Mille mercis aussi à Basile et Mélisande qui ont enduré mes 146 allers-retours de maquette et textes !
Et une mention IMMENSE et spéciale au plus optimiste des permaculteurs, Maxence Méheust, celui qui m'a accueillie en stage en 2019 en me disant, en substance : "Oui, c'est la merde. Mais on est vivants et moi, je compte bien élever des mômes dans ce monde, alors on se relève les manches."
Max, l'incarnation de Philibert (en plus costaud et plus ténébreux, hein), c'est à quatre mains que nous avons patiemment tissé les premiers épisodes des Petites leçons de permaculture parues sur Mâtin pendant le confinement. Merci infiniment et de tout coeur pour tes mots, ton accompagnement, tes relectures et la béquille que tu as été pour me lancer, c'était sacrément chouette. *Alexandra*

Mes remerciements chaleureux à Alexandra, Clotilde, Clara, Pauline, Basile et à toutes les équipes de Mâtin et Dargaud pour leur travail sur cet album. *Audrey*

Tous les jours, à 7h07, *Mâtin !*, la revue digitale de Dargaud, propose une BD inédite au ton ludique, engagé et décalé sur Instagram (@matin_queljournal). Ces strips sont nourris par un collectif d'experts, de journalistes, d'auteurs confirmés et de jeunes dessinateurs.

En vrac et dans le désordre, on parle écologie, féminisme, permaculture, complotisme, surconsommation, plastique, politique, contraception masculine, maltraitance animale ou encore... sorcellerie, mais oui !

Héritier spirituel de l'hebdomadaire *Pilote* (celui qui « s'amusait à réfléchir »), *Mâtin !* est une fenêtre quotidienne ouverte sur le monde.

Fort de son succès sur Instagram, *Mâtin !* fait le pari du papier. Parce que nous souhaitons qu'il passe par le plus grand nombre de mains possible, la question de sa durabilité a été déterminante. Après avoir étudié plusieurs solutions, nous avons opté pour un ouvrage avec une couverture cartonnée et pelliculée.

Ce livre a été imprimé et fabriqué chez DELABIE, certifié PEFC sur du papier et du carton issus de forêts gérées durablement et de sources contrôlées, avec des encres végétales respectueuses de l'environnement et conformes aux normes européennes.

Il n'a ensuite parcouru que 272 km pour être livré à notre distributeur.

Une tartine, un café, un strip : en numérique ou en papier, la journée commence toujours avec *Mâtin !*

Dans la collection Mâtin !

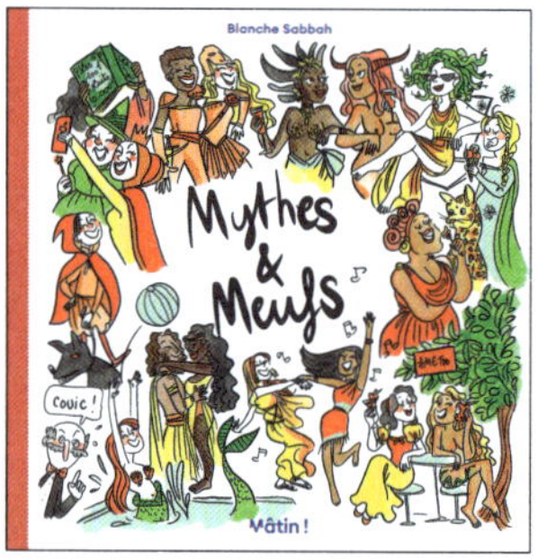

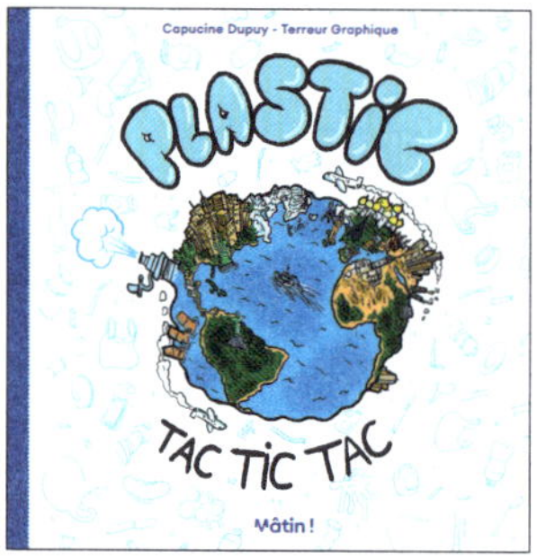

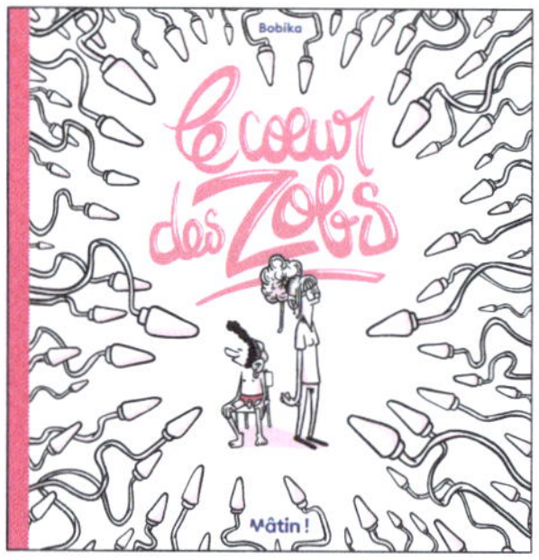

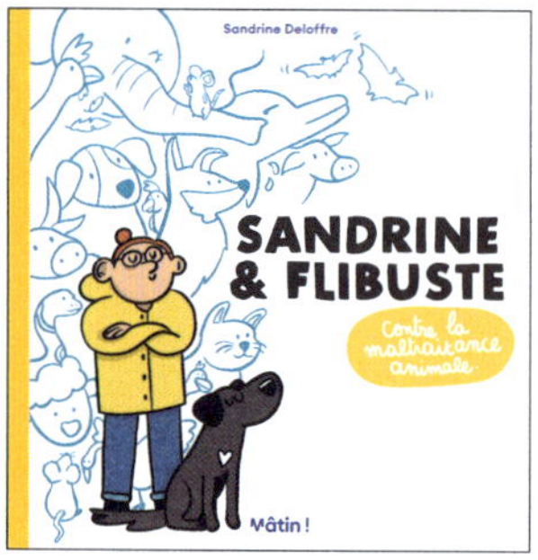

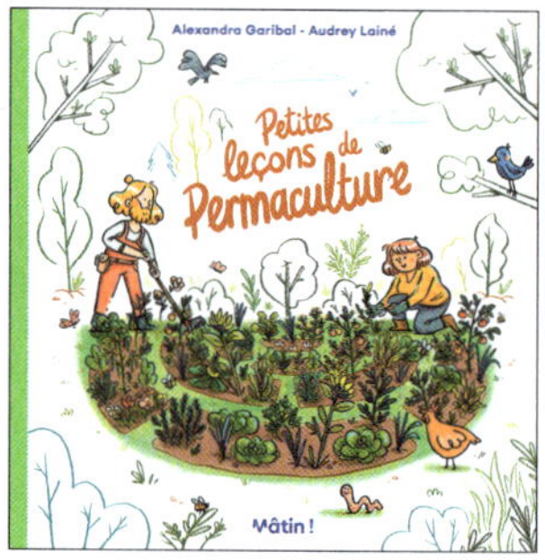

À paraître en août 2023

À paraître en août 2023

L'éditeur tient à remercier Christine Corbet, Brigitte Michaud,
Caroline Revol-Maurel et Céline de Quéral pour leur aide précieuse.

PREMIÈRE ÉDITION

Imprimé sur un papier issu de forêts gérées durablement.
Dépôt légal : avril 2023 • ISBN 978-2205-20333-2
Imprimé et relié en mars 2023 par Delabie S.A – Z.I. La Martinoire, boulevard de l'Eurozone 9, 7700 Mouscron – Belgique
www.dargaud.com